Balakrishnan Subramanian
Rethishkumar S.

Computação em nuvem e Bigdata

Balakrishnan Subramanian
Rethishkumar S.

Computação em nuvem e Bigdata

Computação em nuvem

ScienciaScripts

Imprint

Any brand names and product names mentioned in this book are subject to trademark, brand or patent protection and are trademarks or registered trademarks of their respective holders. The use of brand names, product names, common names, trade names, product descriptions etc. even without a particular marking in this work is in no way to be construed to mean that such names may be regarded as unrestricted in respect of trademark and brand protection legislation and could thus be used by anyone.

Cover image: www.ingimage.com

This book is a translation from the original published under ISBN 978-620-7-64051-5.

Publisher:
Sciencia Scripts
is a trademark of
Dodo Books Indian Ocean Ltd. and OmniScriptum S.R.L publishing group

120 High Road, East Finchley, London, N2 9ED, United Kingdom
Str. Armeneasca 28/1, office 1, Chisinau MD-2012, Republic of Moldova, Europe
Printed at: see last page
ISBN: 978-620-7-68000-9

Copyright © Balakrishnan Subramanian, Rethishkumar S.
Copyright © 2024 Dodo Books Indian Ocean Ltd. and OmniScriptum S.R.L publishing group

Capítulo -1

INTRODUÇÃO

VISÃO GERAL

A computação em nuvem e os grandes volumes de dados são dois dos tópicos mais discutidos atualmente no sector tecnológico, e por boas razões. Ambos têm o potencial de transformar as empresas, melhorando a eficiência, reduzindo os custos e permitindo novos modelos de negócio. Nesta visão geral, analisaremos mais de perto a computação em nuvem e o big data e explicaremos como estão a mudar o jogo.

O que é a computação em nuvem?

A computação em nuvem é a prestação de serviços de computação - incluindo servidores, armazenamento, bases de dados, redes, software, análises e inteligência - através da Internet. Em vez de possuírem e manterem a sua própria infraestrutura de TI, as empresas podem confiar em fornecedores de serviços em nuvem para fornecerem esses serviços em seu nome, muitas vezes a custos mais baixos e com maior flexibilidade.

Por exemplo, em vez de construir o seu próprio centro de dados, uma empresa pode utilizar um fornecedor de serviços na nuvem como o Amazon Web Services (AWS), o Microsoft Azure ou o Google Cloud Platform (GCP) para armazenar e processar os seus dados.

Podem também utilizar software e ferramentas baseados na nuvem, como o Salesforce, o Microsoft Office 365 ou o Slack, para executar as suas operações quotidianas.

A computação em nuvem tem várias vantagens em relação à infraestrutura de TI tradicional no local:

- Escalabilidade: Os fornecedores de serviços em nuvem podem aumentar ou diminuir os seus serviços conforme necessário, para que as empresas possam aumentar rapidamente a capacidade durante os períodos de pico e reduzir durante os períodos mais lentos.

- Poupança de custos: Uma vez que os fornecedores de serviços de computação em nuvem apenas cobram às empresas os serviços que estas efetivamente utilizam, as empresas podem evitar os custos iniciais de construção e manutenção da sua própria infraestrutura de TI.

- Flexibilidade: A computação em nuvem permite que as empresas acedam aos seus dados e aplicações a partir de qualquer lugar com uma ligação à Internet, facilitando o trabalho remoto ou a partir de vários locais.

- Segurança: Os fornecedores de serviços de computação em nuvem têm frequentemente medidas de segurança robustas para proteger os dados dos seus clientes contra ataques informáticos e outras ameaças à segurança.

O que é Big Data?

Os grandes volumes de dados referem-se aos conjuntos de dados grandes e complexos que as empresas actuais geram e recolhem a partir de uma variedade de fontes, como as redes sociais, o tráfego na Web, as transacções dos clientes e os sensores IoT. Estes dados contêm informações valiosas que as empresas podem utilizar para melhorar as suas operações, compreender o comportamento dos clientes e tomar melhores decisões.

No entanto, analisar e processar grandes volumes de dados pode ser um desafio, uma vez que os métodos e ferramentas tradicionais podem não conseguir lidar com o volume, a variedade e a velocidade dos dados envolvidos. É por isso que as empresas estão a recorrer a tecnologias e técnicas de megadados, como o Hadoop, Spark, bases de dados NoSQL e ferramentas de visualização de dados, para extrair valor dos seus dados.

Os grandes volumes de dados têm várias aplicações no sector empresarial:

- Análises: Ao analisar os seus dados, as empresas podem identificar tendências, padrões e conhecimentos que podem utilizar para melhorar as suas operações, direcionar campanhas de marketing e tomar melhores decisões.

- Personalização: Os grandes volumes de dados permitem às empresas personalizar as suas interacções com os clientes, com base nas suas preferências, interesses e comportamentos.

- Modelação preditiva: Ao analisar dados históricos, as empresas podem criar modelos preditivos que podem prever tendências e comportamentos futuros.

- Tomada de decisões em tempo real: As tecnologias de megadados permitem às empresas analisar e responder aos dados em tempo real, o que pode melhorar as suas operações e o serviço ao cliente.

Como a computação em nuvem e os grandes dados estão a transformar as empresas

A computação em nuvem e o big data são duas tecnologias transformadoras que estão a mudar a face do negócio. Juntas, oferecem às empresas uma escalabilidade, flexibilidade e conhecimentos sem precedentes - e estão a permitir novos modelos e estratégias empresariais.

Por exemplo:

- As plataformas de análise de grandes volumes de dados baseadas na nuvem, como o AWS EMR, o GCP Dataflow e o Azure HDInsight, permitem às empresas processar rápida e facilmente grandes quantidades de dados, sem terem de investir na sua própria infraestrutura.

- Fornecedores de nuvem como AWS, GCP e Azure oferecem uma gama de serviços de aprendizado de máquina e IA que as empresas podem usar para criar modelos preditivos, automatizar processos e extrair insights de seus dados.

- O armazenamento e a computação baseados na nuvem tornam mais fácil e mais económico para as empresas armazenar e processar dados IoT, o que pode ajudá-las a melhorar o serviço ao cliente, otimizar as operações e desenvolver novos produtos e serviços.

- As tecnologias de Big Data baseadas na nuvem permitem às empresas criar condutas de dados em tempo real que podem analisar e responder aos dados em tempo real, o que pode melhorar o serviço ao cliente, otimizar as operações e reduzir os custos.

Em conclusão, a computação em nuvem e os grandes volumes de dados são duas tecnologias que têm o potencial de transformar o panorama empresarial. Ao proporcionar às empresas uma escalabilidade, flexibilidade e conhecimentos sem precedentes, estão a permitir novos modelos e estratégias de negócio que anteriormente eram impossíveis. Como tal, não é de surpreender que as empresas de uma série de sectores estejam a investir fortemente nestas tecnologias - e as que não o fizerem arriscam-se a ficar atrás dos seus concorrentes.

1.1 DEFINIÇÃO DE COMPUTAÇÃO EM NUVEM E DE GRANDES VOLUMES DE DADOS

A computação em nuvem é uma tecnologia que permite aos utilizadores aceder a um grande número de recursos através da Internet. Estes recursos incluem servidores, armazenamento, bases de dados, software e redes. Na computação em nuvem, os utilizadores podem utilizar estes recursos sem os possuir ou gerir fisicamente. Os fornecedores de serviços na nuvem oferecem estes recursos num modelo de pagamento por utilização, o que significa que os utilizadores só pagam o que utilizam. Esta tecnologia revolucionou a forma como as empresas funcionam, reduzindo o custo das infra-estruturas e aumentando a agilidade.

Os grandes volumes de dados referem-se a uma enorme quantidade de dados estruturados, semi-estruturados e não estruturados que são gerados por empresas, indivíduos e organizações.

Estes dados são tão grandes e complexos que as ferramentas tradicionais de processamento de dados não são suficientes para os gerir. Os grandes volumes de dados incluem dados de redes sociais, e-mails, sensores, weblogs e outras fontes que são normalmente gerados em tempo real. Os dados estão frequentemente em bruto e requerem um processamento exaustivo para extrair informações significativas. Os grandes volumes de dados são utilizados pelas organizações para obter uma vantagem competitiva, melhorar a experiência do cliente e impulsionar o crescimento do negócio. Tecnologias como o Hadoop, o Spark e as bases de dados NoSQL são utilizadas para gerir os grandes volumes de dados.

1.2 IMPORTÂNCIA DA COMPUTAÇÃO EM NUVEM E DOS GRANDES DADOS NO PANORAMA TECNOLÓGICO ACTUAL

A importância da computação em nuvem e dos grandes volumes de dados no panorama tecnológico atual não pode ser exagerada. Revolucionaram a forma como armazenamos, analisamos e utilizamos os dados. Eis as razões pelas quais a computação em nuvem e os megadados são cruciais no mundo atual, orientado para a tecnologia.

1. Escalabilidade: A computação em nuvem oferece escalabilidade como nenhuma outra tecnologia. Permite que empresas de todas as dimensões escalem a sua infraestrutura de acordo com as suas necessidades. As organizações podem aumentar ou diminuir os seus recursos de acordo com os seus requisitos, permitindo uma utilização eficiente dos recursos e poupando dinheiro.

2. Eficiência: A nuvem tornou o armazenamento e a gestão de dados altamente eficientes. Com o armazenamento na nuvem, as empresas já não têm de se preocupar com o armazenamento físico e a manutenção dos dados. Além disso, a computação em nuvem permite que as organizações processem os dados de forma mais rápida e eficiente.

3. Rentável: A computação em nuvem e a tecnologia de grandes volumes de dados permitiram às empresas reduzir os custos, eliminando a necessidade de hardware dispendioso e de manutenção das infra-estruturas. As empresas podem tirar partido das vantagens destas tecnologias sem terem de gastar muito dinheiro.

4. Segurança: Os fornecedores de serviços de computação em nuvem desenvolveram medidas de segurança avançadas que proporcionam uma melhor proteção dos dados do que as formas tradicionais de armazenamento. Com a computação em nuvem, as empresas têm a garantia de segurança dos dados e de proteção contra violações de dados.

5. Colaboração: A computação em nuvem tornou a colaboração mais fácil e mais eficiente do que nunca. Os membros da equipa já não precisam de estar no mesmo local físico para trabalharem juntos em projectos. Com as ferramentas de colaboração baseadas na nuvem, podem trabalhar em projectos em tempo real a partir de qualquer parte do mundo.

6. Percepções em tempo real: A tecnologia de megadados permitiu às organizações recolher, analisar e utilizar grandes quantidades de dados em tempo real. Com os grandes volumes de

dados, as empresas podem obter informações sobre o comportamento dos clientes, as preferências e as tendências do mercado, o que as pode ajudar a tomar decisões informadas.

7. Vantagem competitiva: Ao tirar partido do poder da computação em nuvem e da tecnologia de grandes volumes de dados, as empresas podem obter uma vantagem competitiva nos seus respectivos sectores. Podem utilizar estas tecnologias para promover a inovação, melhorar a experiência do cliente e impulsionar o crescimento.

Em conclusão, a computação em nuvem e os megadados transformaram o sector tecnológico e tornaram-se indispensáveis para empresas de todas as dimensões. Permitiram às organizações simplificar as suas operações, reduzir custos e obter informações que as podem ajudar a tomar decisões baseadas em dados. À medida que o panorama tecnológico continua a evoluir, espera-se que a computação em nuvem e os megadados desempenhem um papel cada vez mais importante na definição do futuro dos negócios e da tecnologia.

1.3 BREVE HISTORIAL DA COMPUTAÇÃO EM NUVEM E DOS GRANDES DADOS

A computação em nuvem e os megadados são duas inovações tecnológicas inter-relacionadas, mas distintas, que estão a transformar a forma como as pessoas armazenam, processam e analisam grandes volumes de dados. A história destas duas tecnologias remonta aos primórdios da computação, quando as empresas começaram a aperceber-se do valor da tecnologia da informação na gestão dos seus activos de dados.

Computação em nuvem:

O termo "computação em nuvem" foi utilizado pela primeira vez num documento interno da Compaq de 1996, que descrevia um futuro modelo de computação em que as aplicações seriam acedidas através da Internet. No entanto, só em meados da década de 2000 é que o verdadeiro potencial da computação em nuvem foi concretizado, graças ao aparecimento de novas tecnologias, como a virtualização e a computação em grelha, que permitiram a computação distribuída e a partilha de recursos informáticos por vários utilizadores.

O desenvolvimento da computação em nuvem deve-se em grande parte aos esforços da Amazon, que lançou o seu serviço Elastic Compute Cloud (EC2) em 2006, fornecendo uma plataforma de computação escalável e paga que podia ser acedida através da Internet. Pouco tempo depois, outros gigantes da tecnologia, como a Microsoft e a Google, entraram no mercado, oferecendo serviços de computação em nuvem concorrentes para satisfazer a procura crescente das empresas e dos consumidores.

Atualmente, a computação em nuvem tornou-se uma parte essencial da infraestrutura de TI moderna, com empresas de todas as dimensões a dependerem dos serviços de nuvem para armazenar, processar e distribuir dados. A computação em nuvem revolucionou a forma como as empresas operam, permitindo-lhes aceder a uma vasta gama de aplicações, ferramentas e serviços que teriam sido impossíveis de gerir internamente.

Grandes volumes de dados:

Os grandes volumes de dados referem-se ao grande volume de dados estruturados e não estruturados que as organizações geram e processam diariamente. A história dos grandes volumes de dados remonta aos primórdios da informática, em que a tónica era colocada no processamento de dados estruturados em bases de dados como o Oracle e o SQL Server.

No entanto, a ascensão da Internet e das redes sociais no início dos anos 2000 levou a uma explosão maciça da quantidade de dados não estruturados gerados. De repente, as empresas passaram a ter acesso a grandes quantidades de dados provenientes de fontes como blogues, redes sociais e transacções em linha, o que exigiu novos métodos de gestão e análise.

O termo "grandes volumes de dados" foi cunhado pela primeira vez num artigo de 2008 do analista de TI Doug Laney, que descreveu os grandes volumes de dados como tendo três atributos principais: volume, variedade e velocidade. O volume de dados que estava a ser gerado era tão grande que os métodos tradicionais de processamento de dados já não eram suficientes, enquanto a variedade de fontes de dados tornava difícil a sua gestão e a velocidade de criação de dados significava que estes tinham de ser processados em tempo real.

Com o advento dos grandes volumes de dados, as empresas começaram a investir em novas tecnologias e técnicas para as ajudar a gerir e analisar a vasta quantidade de dados à sua disposição. Estas incluíam o Hadoop, uma estrutura de computação distribuída para armazenar e processar grandes conjuntos de dados, e bases de dados

NoSQL, que foram concebidas especificamente para lidar com dados não estruturados.

Atualmente, os grandes volumes de dados são um fator-chave em muitos sectores, desde os cuidados de saúde e as finanças até ao retalho e à indústria transformadora. Tornou-se essencial para as empresas aproveitarem os grandes volumes de dados para obterem informações sobre o comportamento dos clientes, optimizarem os processos e obterem uma vantagem competitiva.

Capítulo - 2

COMPUTAÇÃO EM NUVEM

2.1 VISÃO GERAL DA COMPUTAÇÃO EM NUVEM

A computação em nuvem é um modelo de prestação de serviços informáticos através da Internet. Permite que indivíduos e empresas acedam a uma vasta gama de recursos de software e hardware a pedido, sem necessidade de investimentos iniciais em infra-estruturas de TI. A computação em nuvem revolucionou a forma como as empresas funcionam e tornou-se parte integrante das infra-estruturas de TI modernas.

As principais características da computação em nuvem são:

1. Autosserviço a pedido: Permite que os utilizadores acedam aos recursos informáticos à medida que deles necessitam, sem terem de passar por um longo processo de aquisição.

2. Acesso alargado à rede: Os serviços de computação em nuvem estão disponíveis através da Internet ou de redes privadas, o que permite um acesso conveniente a partir de uma variedade de dispositivos.

3. Partilha de recursos: Os serviços de computação em nuvem são recursos partilhados que podem ser utilizados por vários utilizadores, permitindo uma utilização eficiente dos recursos e a redução dos custos.

4. Rápida elasticidade: Os recursos de computação em nuvem podem ser rapidamente aumentados ou reduzidos para responder à evolução da procura sem perturbar os utilizadores.

5. Serviço medido: Os serviços de computação em nuvem são facturados com base na utilização, permitindo que as empresas paguem apenas pelos recursos que utilizam.

Existem três tipos de serviços de computação em nuvem:

1. Infraestrutura como serviço (IaaS): Fornece recursos de computação virtualizados, como capacidade de computação, armazenamento e rede. Os exemplos incluem o Amazon Web Services (AWS) e o Microsoft Azure.

2. Plataforma como serviço (PaaS): Fornece uma plataforma para a criação e implantação de aplicações, incluindo middleware, bases de dados e ferramentas de desenvolvimento. Exemplos incluem o Google Cloud Platform e o Heroku.

3. Software como serviço (SaaS): Fornece aplicações de software através da Internet, incluindo correio eletrónico, gestão das relações com os clientes (CRM) e ferramentas de produtividade de escritório. Os exemplos incluem o Microsoft Office 365 e o Salesforce.

A computação em nuvem oferece vários benefícios, incluindo:

1. Redução de custos: A computação em nuvem elimina a necessidade de investimentos iniciais em infra-estruturas de TI, permitindo que as empresas paguem apenas pelos recursos de que necessitam.

2. Escalabilidade: Os recursos de computação em nuvem podem ser rapidamente aumentados ou reduzidos para responder às necessidades em constante mudança.

3. Flexibilidade: A computação em nuvem permite às empresas aceder a uma vasta gama de recursos a pedido, sem estarem limitadas por infra-estruturas físicas.

4. Fiabilidade: Os fornecedores de computação em nuvem oferecem alta disponibilidade e redundância para garantir que os serviços estejam sempre disponíveis.

5. Segurança: Os fornecedores de computação em nuvem dispõem de medidas de segurança sólidas para proteger os dados dos clientes.

A computação em nuvem mudou a forma como as empresas funcionam, proporcionando uma forma flexível, escalável e económica de aceder aos recursos de TI. À medida que a tecnologia continua a evoluir, a computação em nuvem está preparada para continuar a ser um fator-chave de inovação e crescimento no sector das TI.

2.2 TIPOS DE COMPUTAÇÃO EM NUVEM - PÚBLICA, PRIVADA E HÍBRIDA

Os modelos de computação em nuvem referem-se às diferentes formas como os serviços de computação em nuvem são fornecidos aos utilizadores. Existem três modelos principais de computação em nuvem: Software como Serviço (SaaS), Plataforma como Serviço (PaaS) e Infraestrutura como Serviço (IaaS).

O software como serviço (SaaS) é o modelo de computação em nuvem mais comummente utilizado. Neste modelo, o fornecedor aloja e gere a aplicação de software e fornece acesso à mesma através da Internet. Isto significa que os utilizadores podem executar o software em qualquer dispositivo com uma ligação à Internet, sem necessidade de o instalar no seu próprio dispositivo. Exemplos de SaaS incluem o Google Drive, o Microsoft Office 365 e o Salesforce.

A plataforma como um serviço (PaaS) é um modelo de computação em nuvem que fornece uma plataforma para os utilizadores desenvolverem, executarem e gerirem as suas próprias aplicações. O fornecedor aloja a infraestrutura de hardware e software, enquanto os utilizadores desenvolvem e executam as suas aplicações na plataforma. Alguns exemplos de PaaS são o Google App Engine, o Amazon Web Services Elastic Beanstalk e o Microsoft Azure.

A infraestrutura como serviço (IaaS) é um modelo de computação em nuvem que fornece aos utilizadores recursos de computação virtual, como servidores, armazenamento e redes. O fornecedor gere a infraestrutura, enquanto os utilizadores têm controlo total sobre as suas máquinas virtuais. Este modelo permite que os utilizadores personalizem os seus recursos informáticos para satisfazerem as suas necessidades específicas. Exemplos de IaaS incluem Amazon Web Services (AWS), Microsoft Azure e Google Cloud Platform.

Os modelos de computação em nuvem oferecem muitas vantagens aos utilizadores, como a escalabilidade, a relação custo-eficácia, a flexibilidade e o acesso.

NUVEM PÚBLICA

A nuvem pública refere-se a um tipo de serviço de computação em nuvem que oferece recursos de computação - incluindo aplicações, armazenamento, capacidade de processamento e conetividade de rede - através da Internet, numa base de pagamento por utilização. Num ambiente de nuvem pública, um fornecedor de serviços de nuvem oferece recursos de hardware e software, incluindo servidores, armazenamento e aplicações de software a empresas, indivíduos e organizações, que podem aceder e utilizar esses recursos como e quando necessário, sem terem de investir em equipamentos ou infra-estruturas de TI dispendiosos. É apresentado na figura 2.1.

Os serviços de nuvem pública são gerenciados e mantidos pelo provedor de nuvem e são acessíveis a qualquer pessoa com acesso à Internet e as credenciais necessárias. Como tal, são ideais para organizações que requerem maior agilidade e escalabilidade, e a capacidade de se adaptarem rapidamente às condições do mercado, sem incorrerem nos elevados custos associados às infra-estruturas de TI tradicionais.

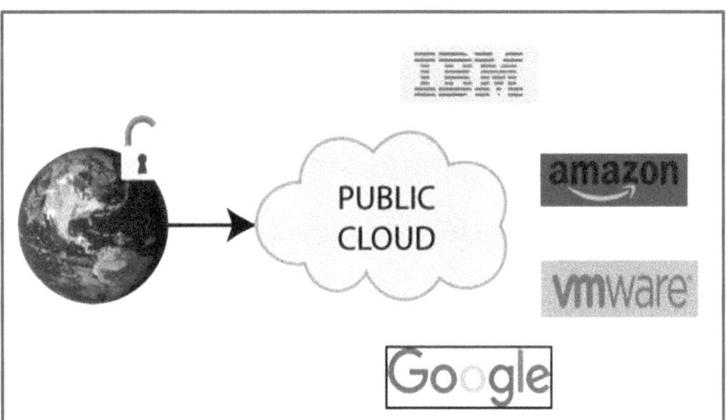

Figura 2.1 Nuvem pública

Uma das principais vantagens dos serviços de nuvem pública é o facto de serem altamente flexíveis e escaláveis, permitindo que as empresas adicionem ou removam recursos informáticos de forma rápida e fácil, conforme necessário, dependendo dos seus requisitos comerciais. Isto significa que as organizações podem aumentar rapidamente a sua infraestrutura de TI durante períodos de pico, como durante a época festiva, e reduzi-la quando a procura diminuir.

Outra vantagem dos serviços de nuvem pública é que as empresas não precisam de manter a sua própria infraestrutura de TI, uma vez que o fornecedor de nuvem é responsável pela manutenção e atualização da infraestrutura subjacente, incluindo servidores, armazenamento e conetividade de rede. Isto liberta o pessoal de TI para se concentrar noutras tarefas empresariais cruciais, como o desenvolvimento de novas aplicações e serviços e a prestação de apoio aos utilizadores finais.

Além disso, os serviços de nuvem pública são económicos, uma vez que as empresas pagam apenas pelos recursos informáticos que utilizam, numa base de pagamento conforme o uso. Isto significa que as empresas podem evitar despesas de capital iniciais em infra-estruturas e equipamentos de TI, o que é particularmente vantajoso para as pequenas e médias empresas (PME) que podem ter orçamentos limitados.

No entanto, existem também algumas desvantagens na utilização de serviços de nuvem pública, como a falta de controlo sobre a infraestrutura subjacente, que pode representar riscos de segurança. Uma vez que o fornecedor de serviços de computação em nuvem é responsável pela manutenção da infraestrutura, as empresas têm um controlo limitado sobre o hardware físico, o que torna difícil garantir a segurança e a integridade dos dados.

Além disso, as empresas que utilizam serviços públicos de computação em nuvem podem ter problemas de desempenho e disponibilidade, especialmente durante os períodos de pico, uma vez que têm de partilhar recursos informáticos com outros utilizadores da infraestrutura de computação em nuvem.

Em geral, os serviços de nuvem pública oferecem uma série de benefícios para as empresas, especialmente aquelas que procuram reduzir custos, aumentar a agilidade e a escalabilidade e melhorar a sua infraestrutura geral de TI. No entanto, as empresas devem considerar cuidadosamente os riscos e as desvantagens da utilização de serviços de nuvem pública, incluindo questões de segurança e desempenho, antes de decidirem adoptá-los.

NUVEM PRIVADA

Uma nuvem privada refere-se (figura 2.2) a um ambiente de computação em nuvem que é dedicado exclusivamente a uma organização ou empresa. Em uma nuvem privada, todo o hardware, software e recursos são configurados e otimizados exclusivamente para uso por uma única entidade. Isso contrasta com uma nuvem pública, em que os recursos e a infraestrutura são compartilhados entre vários clientes.

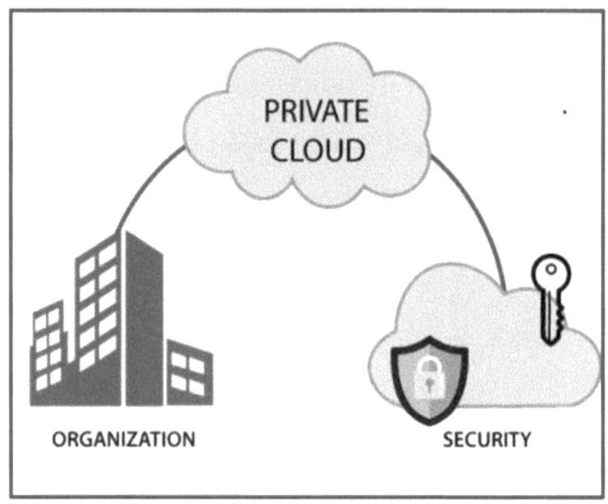

Figura 2.2 Nuvem privada

A principal vantagem de uma nuvem privada é o elevado grau de controlo que proporciona ao proprietário. Como a infraestrutura é dedicada a uma organização, ela pode ser personalizada para atender às necessidades e aos requisitos específicos dessa organização. Isso permite maior flexibilidade, agilidade e eficiência na implantação e no gerenciamento de recursos.

Além disso, as nuvens privadas oferecem segurança aprimorada em comparação com os ambientes de nuvem pública. Como a nuvem é operada dentro da própria infraestrutura de TI da organização, os dados e aplicativos confidenciais podem ser mantidos atrás do firewall corporativo e protegidos pelos protocolos de segurança da organização.

As nuvens privadas podem ser implementadas de várias formas, desde centros de dados no local a instalações de colocação ou alojadas por um fornecedor externo. Podem empregar uma série de tecnologias de virtualização para permitir a partilha e a atribuição de recursos entre diferentes cargas de trabalho.

No entanto, a criação de uma nuvem privada requer um investimento de capital significativo e manutenção e gerenciamento contínuos. As organizações devem considerar cuidadosamente as suas necessidades e objectivos específicos antes de decidirem se uma nuvem privada é a solução mais adequada para o seu negócio.

Em resumo, uma nuvem privada é um ambiente de computação em nuvem dedicado que proporciona às organizações maior controlo, flexibilidade e segurança em comparação com as ofertas de nuvem pública. Pode ser implementada de várias formas e oferece uma série de benefícios, mas também requer um investimento significativo em infra-estruturas de TI e manutenção contínua.

NUVEM HÍBRIDA

A nuvem híbrida é um tipo de modelo de computação em nuvem que combina serviços de nuvem pública e privada, permitindo que as organizações otimizem seus recursos e maximizem os benefícios de cada tipo de nuvem. Nesse modelo, alguns serviços e aplicativos são hospedados no local, enquanto outros são hospedados em nuvens públicas. A arquitetura de nuvem híbrida oferece uma abordagem mais flexível, escalável e ágil para a computação em nuvem que atende às diversas necessidades das empresas modernas. Ela é mostrada na figura 2.3.

Há muitas vantagens em utilizar uma arquitetura de nuvem híbrida. Uma das principais vantagens é que ela permite que as empresas aproveitem os benefícios das nuvens públicas e privadas.

Por exemplo, as nuvens públicas oferecem recursos económicos e escaláveis e opções de implementação flexíveis, enquanto as nuvens privadas proporcionam maior segurança, controlo e desempenho. Ao combinar esses dois modelos, as empresas podem mover suas cargas de trabalho entre os dois ambientes, dependendo de suas necessidades específicas.

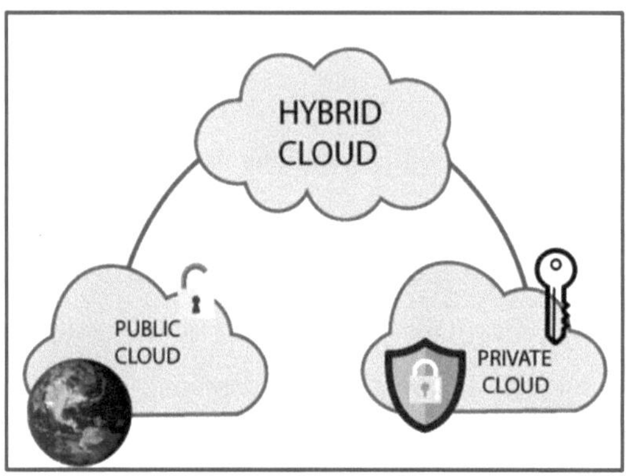

Figura 2.3 Nuvem híbrida

Outra vantagem importante de uma nuvem híbrida é sua capacidade de oferecer suporte a diferentes tipos de cargas de trabalho. Com uma nuvem híbrida, as empresas podem executar aplicativos, armazenar dados e executar cargas de trabalho em nuvens públicas e privadas. Isso é especialmente importante para empresas que precisam gerenciar cargas de trabalho complexas e variadas, incluindo aplicativos herdados e aplicativos que exigem hardware ou software específico.

A arquitetura de nuvem híbrida também oferece maior flexibilidade e agilidade. Como a nuvem híbrida oferece suporte a uma ampla variedade de cargas de trabalho, as empresas podem mover suas cargas de trabalho de forma rápida e fácil entre nuvens públicas e privadas para maximizar o desempenho, reduzir custos e atender às necessidades de negócios em constante mudança. Essa flexibilidade também permite que as empresas implantem aplicativos com mais rapidez e facilidade do que as soluções tradicionais no local.

No entanto, o gerenciamento da nuvem híbrida pode ser complexo, exigindo que as organizações tenham uma compreensão profunda de suas cargas de trabalho e dos recursos necessários para dar suporte a elas. Fatores como dependências de aplicativos, locais de data center, segurança e conformidade podem afetar a forma como uma nuvem híbrida é implantada e gerenciada. Para minimizar esses desafios, as organizações podem trabalhar com provedores de nuvem experientes para ajudá-las a projetar e gerenciar seus ambientes de nuvem híbrida.

Em conclusão, a nuvem híbrida é uma arquitetura poderosa que combina os benefícios das nuvens públicas e privadas para criar um ambiente de computação em nuvem flexível, escalável e ágil. Embora exija um planeamento e uma gestão cuidadosos, uma solução de nuvem híbrida bem concebida pode proporcionar benefícios significativos às empresas, incluindo maior eficiência, melhor desempenho e maior agilidade.

2.3 BENEFÍCIOS DA COMPUTAÇÃO EM NUVEM

A computação em nuvem é a prestação de serviços informáticos através da Internet. Oferece uma série de vantagens que podem ser benéficas tanto para as pessoas como para as empresas. Eis as vantagens da computação em nuvem em pormenor:

1. Rentável: A computação em nuvem elimina a necessidade de hardware interno e os custos de manutenção. Todas as infra-estruturas e serviços necessários são fornecidos pelo fornecedor da nuvem. Isto reduz a necessidade de despesas de capital e o custo de contratação de pessoal de TI.

2. Escalabilidade e flexibilidade: Com a computação em nuvem, é mais fácil aumentar ou diminuir a escala consoante a procura. As empresas podem adicionar ou remover rapidamente recursos informáticos sem se preocuparem com os custos de hardware e manutenção.

3. Acesso remoto: A computação em nuvem permite que os utilizadores acedam a aplicações e dados a partir de qualquer lugar, a qualquer momento, desde que tenham uma ligação à Internet. Isto facilita o trabalho a partir de casa ou em viagem.

4. Recuperação de desastres: Ao armazenar dados na nuvem, as empresas têm um plano de backup em caso de um desastre inesperado. Se os dados se perderem ou se corromperem, podem ser facilmente recuperados a partir da nuvem.

5. Segurança: Os fornecedores de computação em nuvem dispõem de medidas de segurança robustas para proteger os dados armazenados na nuvem. A computação em nuvem também reduz o

risco de roubo de dados, uma vez que estes não são armazenados nos dispositivos de cada utilizador.

6. Colaboração: A computação em nuvem facilita a colaboração com as equipas, uma vez que os utilizadores podem aceder a documentos, dados e aplicações a partir de qualquer lugar. Vários utilizadores podem trabalhar em conjunto em tempo real, reduzindo a necessidade de enviar documentos por correio eletrónico para trás e para a frente.

7. Actualizações automáticas: Os fornecedores de computação em nuvem actualizam automaticamente o seu software e serviços com regularidade, reduzindo a necessidade de o pessoal de TI efetuar actualizações manuais. Isto garante que os utilizadores têm sempre acesso ao software mais recente e mais seguro.

De um modo geral, a computação em nuvem oferece uma série de vantagens que podem ajudar os utilizadores a aumentar a produtividade, reduzir os custos e melhorar a colaboração. Como tal, está a tornar-se uma escolha cada vez mais popular para empresas e indivíduos.

2.4 PREOCUPAÇÕES DE SEGURANÇA NA COMPUTAÇÃO EM NUVEM

As preocupações com a segurança na computação em nuvem referem-se aos potenciais riscos e ameaças que podem afetar a confidencialidade, a integridade e a disponibilidade dos dados e da infraestrutura alojados na nuvem. Algumas das preocupações de segurança mais significativas na computação em nuvem incluem:

1. Privacidade e confidencialidade dos dados - Quando os dados são armazenados na nuvem, ficam vulneráveis a acessos não autorizados, roubos e violações de dados. As empresas devem garantir que os seus dados são encriptados em trânsito e em repouso para impedir o acesso não autorizado.

2. Perda de dados e tempo de inatividade do sistema - O tempo de inatividade do sistema pode levar à perda de receitas, à insatisfação dos clientes e a danos na reputação da marca. Os fornecedores de serviços de computação em nuvem devem dispor de sistemas sólidos de recuperação de desastres e de cópias de segurança para atenuar o risco de perda de dados e de tempo de inatividade do sistema.

3. Ataques de malware e ransomware - A infraestrutura de nuvem pode ser vulnerável a ataques de malware e ransomware. Estes ataques podem levar à perda de dados, ao tempo de inatividade do sistema e a perdas financeiras. Todos os fornecedores de serviços de computação em nuvem devem ter sistemas robustos de anti-malware e de deteção de intrusões para evitar esses ataques.

4. Ameaças internas - As ameaças internas referem-se ao risco de os funcionários ou parceiros que têm acesso à infraestrutura da nuvem utilizarem indevidamente os seus privilégios para roubar dados ou causar a paralisação do sistema. Os fornecedores de serviços de computação em nuvem devem estar atentos à monitorização das actividades dos utilizadores com acesso a dados e sistemas sensíveis.

5. Falta de transparência e de governação - Muitas vezes, as empresas não têm visibilidade do perfil de risco dos seus fornecedores de serviços de computação em nuvem e dos controlos que estes

implementam para proteger as infra-estruturas e os dados. Por isso, é importante garantir que os fornecedores de serviços de computação em nuvem disponham de mecanismos adequados de governação e conformidade para proteger os dados.

6. Conformidade - Os fornecedores de serviços de computação em nuvem devem aderir a vários regulamentos e certificações para garantir que estão em conformidade com as normas do sector e os requisitos regulamentares. As empresas devem garantir que os seus fornecedores de serviços de computação em nuvem cumprem os regulamentos relacionados com o seu sector.

Em conclusão, as preocupações com a segurança na computação em nuvem são complexas e estão sempre a mudar. As empresas devem adotar uma abordagem proactiva para enfrentar estes riscos e trabalhar em estreita colaboração com os seus fornecedores de serviços em nuvem para garantir a segurança dos seus dados.

2.5 CASOS DE UTILIZAÇÃO DA COMPUTAÇÃO EM NUVEM

A computação em nuvem revolucionou a forma como as empresas, os indivíduos e as organizações acedem, armazenam e utilizam os dados. Tornou-se uma necessidade para as organizações adoptarem a computação em nuvem para se manterem competitivas e tirarem partido da tecnologia de ponta. Eis alguns casos de utilização da computação em nuvem em pormenor:

1. Cópia de segurança e armazenamento de dados: A computação em nuvem oferece opções de armazenamento escaláveis e seguras que permitem às empresas armazenar cópias de segurança de

dados críticos. Isto garante que, mesmo em caso de catástrofe ou de mau funcionamento do sistema, os dados têm uma cópia de segurança completa e podem ser rapidamente restaurados. O armazenamento na nuvem é flexível, acessível a partir de qualquer lugar e económico.

2. Desenvolvimento e teste de software: A computação em nuvem é uma excelente plataforma para os programadores de software tirarem partido dos recursos informáticos sem investirem em hardware dispendioso. Os programadores podem aceder a uma variedade de ferramentas baseadas na nuvem para desenvolver, testar e implantar as suas aplicações. A computação em nuvem também permite que os programadores colaborem em tempo real em diferentes locais.

3. Recuperação de desastres: A computação em nuvem oferece às empresas uma solução rentável para planear e implementar estratégias de recuperação de desastres. As empresas podem estabelecer um plano de recuperação de desastres baseado na nuvem que garanta a continuidade das operações comerciais em caso de eventos imprevistos ou desastres. A recuperação de desastres baseada na nuvem minimiza o tempo de inatividade e a perda de dados, mantendo assim a continuidade do negócio.

4. Alojamento Web: A computação em nuvem facilita o alojamento Web, permitindo que as empresas de alojamento Web forneçam serviços de alojamento altamente escaláveis, seguros e fiáveis a um custo acessível. Os serviços de alojamento em nuvem estão altamente disponíveis e podem ser rapidamente aumentados ou reduzidos em função da procura.

5. Análise de Big Data: Com o aumento da quantidade de dados gerados diariamente, as organizações precisam de encontrar formas eficientes de armazenar, processar e analisar esses dados. A computação em nuvem fornece uma plataforma económica para a análise de grandes volumes de dados, facilitando às empresas o acesso a informações de grandes quantidades de dados de forma eficiente.

6. Inteligência artificial e aprendizagem automática: A computação em nuvem oferece formas fáceis de aceder a ferramentas de inteligência artificial e de aprendizagem automática. Os investigadores e as empresas podem tirar partido das plataformas de IA e de aprendizagem automática baseadas na nuvem para desenvolver novos modelos e conhecimentos, sem necessidade de hardware dispendioso.

7. Internet das Coisas (IoT): A computação em nuvem permite que as empresas acedam a plataformas IoT que lhes permitem ligar, gerir e analisar dispositivos IoT. As plataformas IoT baseadas na nuvem podem armazenar grandes quantidades de dados gerados por dispositivos IoT e fornecer análises em tempo real.

Em conclusão, a computação em nuvem oferece uma vasta gama de casos de utilização que podem beneficiar empresas, indivíduos e organizações de todas as dimensões. É uma plataforma económica e flexível que pode ser facilmente personalizada e dimensionada com base nas necessidades de uma empresa. A computação em nuvem é o futuro da tecnologia e pode ajudar as empresas a manterem-se competitivas, permitindo-lhes aceder a tecnologia de ponta.

Capítulo - 3

GRANDES DADOS

VISÃO GERAL

Os grandes volumes de dados referem-se à vasta quantidade de dados estruturados e não estruturados que são gerados por várias fontes, como as redes sociais, os dispositivos móveis, os sensores digitais e as aplicações empresariais. Estes dados estão a crescer a um ritmo sem precedentes e são demasiado complexos e volumosos para serem processados e analisados com as ferramentas tradicionais de análise de dados.

Os grandes volumes de dados surgiram como uma ferramenta essencial para as empresas obterem informações sobre o comportamento dos clientes, as tendências do mercado e as ineficiências operacionais. Ao analisar os grandes volumes de dados, as empresas podem descobrir padrões, tendências e correlações que eram anteriormente desconhecidos, permitindo-lhes tomar decisões informadas e manterem-se à frente da concorrência.

No entanto, o processamento e a análise de grandes volumes de dados colocam desafios significativos, principalmente devido ao seu volume, velocidade e variedade. Para enfrentar os desafios colocados pelos megadados, as organizações precisam de implementar tecnologias modernas, como o Hadoop, o Spark e as bases de dados

NoSQL, que podem ser dimensionadas para lidar com grandes volumes de dados e fornecer informações em tempo real.

Além disso, a análise de grandes volumes de dados exige uma abordagem multidisciplinar que envolve conhecimentos especializados em estatística, informática e conhecimentos específicos de um domínio. Para tal, é necessária a colaboração entre diferentes departamentos de uma organização e com parceiros externos, a fim de tirar partido das suas competências conjuntas para obter conhecimentos significativos.

As vantagens do megadados são vastas e podem afetar todos os aspectos das operações de uma organização, desde a conceção do produto às vendas e ao serviço de apoio ao cliente. A capacidade de analisar grandes quantidades de dados em tempo real permite que as organizações tomem decisões informadas com base em dados exactos e não na intuição.

Em conclusão, o Big Data é uma tecnologia transformadora que tem o potencial de impulsionar o crescimento do negócio, aumentar a eficiência e melhorar a satisfação do cliente. No entanto, requer uma abordagem abrangente que envolva tecnologia, colaboração entre equipas e uma compreensão clara dos objectivos organizacionais para concretizar todo o seu potencial.

3.1 CARACTERÍSTICAS DOS GRANDES VOLUMES DE DADOS - VOLUME, VELOCIDADE, VARIEDADE, VERACIDADE E VALOR

Big data é um termo utilizado para descrever grandes quantidades de dados estruturados, semi-estruturados e não estruturados que são gerados a um ritmo sem precedentes a partir de uma variedade de fontes. As características dos grandes volumes de dados são as seguintes:

Volume: Com os avanços da tecnologia, das pessoas e das máquinas, registou-se um enorme aumento da capacidade de armazenamento de dados. Os grandes volumes de dados referem-se a conjuntos de dados com um volume tão grande que não podem ser facilmente processados através dos sistemas tradicionais de gestão de bases de dados. A enorme quantidade de dados está a aumentar constantemente e pode ser difícil geri-la e processá-la eficazmente.

Velocidade: Na era digital atual, os dados estão a ser gerados a um ritmo extraordinário, de tal forma que é impossível acompanhá-los. Os dados não são apenas gerados rapidamente, mas também precisam de ser processados, analisados e tratados num curto espaço de tempo. Este ritmo de geração e processamento de dados é designado por velocidade.

Variedade: Os dados apresentam-se numa grande variedade de formas, tais como dados estruturados, semi-estruturados e não estruturados. Os dados estruturados referem-se a um conjunto de dados altamente organizado, enquanto os dados semi-estruturados são apenas parcialmente organizados. Os dados não estruturados, por outro lado, são dados não organizados, como imagens, vídeos, dados de redes sociais e texto em bruto. Esta variedade de dados requer várias ferramentas e tecnologias para ser tratada.

Veracidade: Os grandes volumes de dados são frequentemente acompanhados de um baixo nível de veracidade ou exatidão. Ao analisar os grandes volumes de dados, é essencial garantir que os dados são fiáveis e exactos. Os dados não estruturados, como os dados das redes sociais, podem ser particularmente problemáticos, uma vez que podem não ter sido verificados ou validados.

Valor: O valor dos megadados reside na sua capacidade de fornecer conhecimentos e inteligência que podem ser utilizados para tomar decisões informadas em vários sectores. O valor dos megadados pode ser medido em termos de redução de custos, geração de receitas e melhoria das capacidades de tomada de decisões.

Em conclusão, o volume, a velocidade, a variedade, a veracidade e o valor são as principais características dos grandes volumes de dados. A gestão e a análise de grandes volumes de dados requerem ferramentas e técnicas avançadas. Os grandes volumes de dados colocam desafios significativos, mas também apresentam grandes oportunidades para as empresas que conseguem tirar partido deste recurso de forma eficaz.

3.2 TECNOLOGIAS DE GRANDES DADOS - HADOOP, SPARK, NOSQL, ETC

1. Hadoop: O Hadoop é um quadro de processamento de Big Data de fonte aberta que permite o processamento distribuído de grandes conjuntos de dados em clusters de computadores. Inclui dois componentes principais - HDFS (Hadoop Distributed File System) para armazenamento e MapReduce para processamento. O Hadoop foi concebido para tratar grandes volumes de dados com a sua escalabilidade maciça, tolerância a falhas e eficiência de custos.

2. Spark: O Apache Spark é um sistema de computação distribuída de código aberto que é utilizado para o processamento de dados em grande escala. O Spark utiliza uma arquitetura baseada na memória para o processamento rápido de dados e é compatível com uma vasta gama de linguagens de programação, como Java, Python e R. Pode tratar o processamento em lote, o processamento em fluxo em tempo real, a aprendizagem automática e o processamento gráfico. O Spark é popularmente utilizado em aplicações de Big Data devido às suas capacidades avançadas de processamento de dados e à sua velocidade.

3. NoSQL: O NoSQL (Not Only SQL) é um sistema de gestão de bases de dados que funciona de forma diferente das bases de dados SQL tradicionais. Foi concebido para tratar dados estruturados, semi-estruturados e não estruturados que podem não se enquadrar no modelo de dados tradicional. As bases de dados NoSQL são flexíveis, escaláveis e oferecem um elevado nível de desempenho e disponibilidade. Algumas das bases de dados NoSQL mais populares incluem MongoDB, Cassandra e Couchbase.

4. Cassandra: O Cassandra é um sistema de base de dados NoSQL distribuído e altamente escalável, optimizado para lidar com cargas de trabalho de elevado volume e velocidade. Foi concebido para lidar com grandes quantidades de dados estruturados e semi-estruturados em vários centros de dados. O Cassandra oferece tolerância a falhas, alta disponibilidade e desempenho robusto e é usado em muitos aplicativos que exigem processamento e manipulação de dados em alta velocidade.

5. Pig: O Apache Pig é outra tecnologia popular de Big Data que permite aos programadores escrever tarefas MapReduce utilizando uma linguagem de alto nível chamada Pig Latin. O Pig é utilizado para simplificar o desenvolvimento de tarefas complexas de processamento de dados, abstraindo o modelo de programação MapReduce. Pig pode lidar com vários tipos de dados e é utilizado em muitas aplicações de Big Data para processar grandes volumes de dados.

6. Hbase: O Apache Hbase é uma base de dados distribuída, orientada por colunas, utilizada para tratar grandes quantidades de dados semi-estruturados e não estruturados. A Hbase é construída sobre o sistema de ficheiros distribuídos Hadoop (HDFS) e oferece capacidades de acesso e consulta de dados em tempo real. É normalmente utilizado para criar aplicações escaláveis e em tempo real que requerem um rápido processamento e recuperação de dados.

Em conclusão, as tecnologias de Big Data como Hadoop, Spark, NoSQL, Cassandra, Pig e Hbase são componentes críticos de muitas arquitecturas de dados modernas. Estas tecnologias oferecem escalabilidade, fiabilidade e desempenho que as tecnologias tradicionais de processamento de dados não conseguem igualar. Como a quantidade de dados gerados continua a proliferar, estas ferramentas tornar-se-ão cada vez mais importantes para a gestão e o processamento de Big Data.

3.3 CASOS DE UTILIZAÇÃO DE GRANDES VOLUMES DE DADOS

Caso de utilização 1: Marketing e publicidade

Um dos casos mais utilizados para os grandes volumes de dados é no sector do marketing e da publicidade. Ao analisar os dados dos clientes, as empresas podem criar campanhas publicitárias mais personalizadas e direccionadas. Podem também acompanhar os seus esforços de marketing e medir a sua eficácia em tempo real.

Caso de utilização 2: Deteção de fraudes

Os grandes volumes de dados são também amplamente utilizados para detetar e prevenir fraudes. As instituições financeiras e os retalhistas, por exemplo, utilizam a análise de grandes volumes de dados para identificar padrões e comportamentos invulgares que possam indicar actividades fraudulentas. Ao analisar os dados em tempo real, as empresas podem evitar transacções fraudulentas antes de estas ocorrerem.

Caso de utilização 3: Cuidados de saúde e investigação médica

Os megadados estão a ser utilizados para melhorar os resultados dos cuidados de saúde e a investigação médica em todo o mundo. Ao recolher e analisar dados de saúde, os profissionais de saúde podem detetar e diagnosticar doenças mais rapidamente, desenvolver melhores tratamentos e melhorar os resultados dos doentes. Também ajuda a prever potenciais epidemias.

Caso de utilização 4: Gestão da cadeia de abastecimento

A análise de Big Data desempenha um papel vital na otimização da gestão da cadeia de abastecimento e da logística. Ao recolher dados sobre factores como os níveis de inventário, os calendários de expedição e os padrões de procura, as empresas podem otimizar as suas cadeias de abastecimento para reduzir os custos e melhorar os prazos de entrega.

Caso de utilização 5: Previsão meteorológica

A previsão meteorológica é outra área em que os megadados estão a transformar o campo. Ao recolher grandes quantidades de dados sobre padrões meteorológicos e modelos de previsão, os meteorologistas podem criar previsões meteorológicas mais exactas e detalhadas. Estes dados podem ser utilizados para ajudar as pessoas e as organizações a prepararem-se para fenómenos meteorológicos graves e a reduzirem os riscos associados.

Caso de utilização 6: Gestão de energia

Os grandes volumes de dados também estão a ser utilizados para otimizar o consumo de energia e melhorar a eficiência energética. Ao analisar dados sobre factores como o consumo de energia, os padrões climáticos e as taxas de ocupação, as empresas e os agregados familiares podem identificar oportunidades para reduzir o desperdício de energia e conseguir poupanças de custos.

Caso de utilização 7: Gestão de cidades inteligentes

A análise de grandes volumes de dados é fundamental para o desenvolvimento de cidades inteligentes, facilitando a tomada de decisões com base em dados e melhorando os serviços urbanos. Ao recolher dados sobre factores como o fluxo de tráfego, o planeamento urbano e o consumo de energia, as cidades podem otimizar as suas infra-estruturas, melhorar as redes de transportes e criar ambientes mais habitáveis e sustentáveis.

Em conclusão, os grandes volumes de dados revolucionaram vários sectores, fornecendo informações precisas sobre o comportamento dos consumidores, aumentando a eficiência das operações e fornecendo melhores serviços. Os casos de utilização de grandes volumes de dados acima referidos são apenas a ponta do icebergue em termos de oportunidades que os grandes volumes de dados apresentam. E com a inovação tecnológica a continuar a avançar rapidamente, as possibilidades de obter informações sobre grandes volumes de dados são ilimitadas.

Capítulo - 4

COMPUTAÇÃO EM NUVEM E GRANDES VOLUMES DE DADOS

VISÃO GERAL

A computação em nuvem e os megadados são duas tecnologias modernas que transformaram a forma como armazenamos, gerimos e acedemos aos dados. Embora tenham finalidades diferentes, tanto a computação em nuvem como o megadados desempenham um papel crucial no fornecimento às empresas de soluções fiáveis, escaláveis e económicas.

Computação em nuvem:

A computação em nuvem refere-se à utilização de servidores remotos para armazenar, gerir e processar dados. Em vez de depender de computadores locais, a computação em nuvem permite que os indivíduos e as empresas acedam aos seus dados em qualquer altura e em qualquer lugar através de uma ligação à Internet. Fornece uma gama de serviços de armazenamento de dados, alojamento de aplicações, redes e segurança. A computação em nuvem elimina a necessidade de armazenamento físico e de infra-estruturas, o que reduz os custos e aumenta a eficiência.

A computação em nuvem oferece às empresas a flexibilidade necessária para responder rapidamente às mudanças nas condições do mercado, às necessidades dos clientes e às mudanças nos requisitos regulamentares. Também proporciona uma série de benefícios, incluindo custos reduzidos, maior escalabilidade e melhor acessibilidade. Além disso, a computação em nuvem permite que as empresas se concentrem nas suas competências principais e deixem a infraestrutura de TI para os especialistas.

Grandes volumes de dados:

Os grandes volumes de dados referem-se ao grande volume de dados estruturados e não estruturados que as empresas acumulam a partir de várias fontes, como sensores, redes sociais e interacções com os clientes. Os megadados são mais do que simples dados; são um ativo estratégico que pode fornecer informações valiosas sobre o comportamento dos clientes, as tendências do mercado e as ineficiências operacionais.

A análise de grandes volumes de dados é o processo de análise e interpretação de grandes volumes de dados para extrair informações, padrões e relações relevantes que podem ajudar as empresas a tomar melhores decisões e a obter uma vantagem competitiva. Envolve a utilização de algoritmos sofisticados, modelos estatísticos e aprendizagem automática para dar sentido a uma grande quantidade de dados.

Apesar de terem objectivos diferentes, a computação em nuvem e os megadados estão intimamente ligados, uma vez que as empresas confiam cada vez mais em soluções baseadas na nuvem para as suas necessidades de processamento de megadados. A computação em nuvem fornece a escalabilidade e a agilidade necessárias para lidar com grandes volumes de dados, enquanto a análise de grandes volumes de dados fornece os conhecimentos necessários para tomar decisões baseadas em dados. Juntos, a computação em nuvem e o big data transformaram a forma como as empresas operam, permitindo que se tornem mais eficientes, ágeis e reactivas às condições de mercado em constante mudança.

4.1 INTEGRAÇÃO DA COMPUTAÇÃO EM NUVEM E DOS GRANDES DADOS

A computação em nuvem e os grandes volumes de dados são duas das tecnologias mais transformadoras dos tempos modernos. Enquanto a computação em nuvem permite que as organizações acedam a recursos informáticos a pedido e paguem apenas pelo que utilizam, os grandes volumes de dados permitem-lhes analisar grandes quantidades de dados para obter informações valiosas e tomar decisões informadas.

A integração da computação em nuvem e do Big Data provou ser uma combinação poderosa, permitindo às organizações tirar partido da escalabilidade e agilidade da computação em nuvem e do poder de processamento de dados e das capacidades analíticas do Big Data. Eis como funciona a integração.

1. Armazenamento de dados na nuvem: Os grandes volumes de dados exigem quantidades enormes de armazenamento, que podem ser dispendiosas e demoradas para serem geridas internamente. Ao armazenar dados na nuvem, as organizações podem evitar os custos de manutenção de grandes centros de dados e, em vez disso, confiar em

fornecedores de nuvem para gerir e escalar o armazenamento conforme necessário.

2. Acesso a recursos informáticos: Um dos maiores desafios dos megadados é processar e analisar os dados rapidamente. A computação em nuvem fornece acesso a vastos recursos de computação, permitindo que as organizações realizem rapidamente tarefas de processamento e análise de dados sem investir em hardware e software dispendiosos.

3. Escalabilidade e agilidade: A computação em nuvem oferece escalabilidade e agilidade sem paralelo, permitindo que as organizações aumentem ou diminuam os seus recursos de computação com base na procura. Isto significa que as organizações podem adaptar-se rapidamente à evolução das necessidades e aproveitar as oportunidades à medida que estas surgem.

4. Análise de grandes volumes de dados: Os fornecedores de serviços em nuvem oferecem frequentemente ferramentas de análise de grandes volumes de dados, como o Hadoop e o Spark, que permitem às organizações processar e analisar dados em grande escala. Estas ferramentas estão normalmente disponíveis numa base de pagamento conforme o uso, permitindo que as organizações utilizem apenas o que precisam e paguem apenas pelo que utilizam.

5. Integração de dados: Os fornecedores de serviços em nuvem também oferecem ferramentas para integrar dados de várias fontes, facilitando às organizações a reunião de dados de fontes diferentes e a sua análise holística.

6. Segurança e conformidade: Os fornecedores de serviços de computação em nuvem oferecem funcionalidades robustas de segurança e conformidade, garantindo que os dados são protegidos e cumprem os requisitos regulamentares. Isto significa que as organizações podem tirar partido das vantagens da computação em nuvem e dos megadados sem comprometer a segurança ou a conformidade.

Em conclusão, a integração da computação em nuvem e do Big Data oferece às organizações uma oportunidade sem precedentes para analisar grandes quantidades de dados de forma rápida e eficiente, permitindo-lhes tomar decisões informadas que impulsionam o sucesso do negócio. Combinando a escalabilidade e a agilidade da computação em nuvem com o poder de processamento de dados e as capacidades analíticas do Big Data, as organizações podem realizar todo o potencial dessas duas tecnologias transformadoras.

4.2 BENEFÍCIOS DA UTILIZAÇÃO DA COMPUTAÇÃO EM NUVEM PARA A ANÁLISE DE GRANDES VOLUMES DE DADOS

A computação em nuvem revolucionou o mundo da análise de grandes volumes de dados, proporcionando uma vasta gama de vantagens. Eis algumas das vantagens significativas da utilização da computação em nuvem para a análise de grandes volumes de dados que se tornaram cada vez mais populares entre as organizações e empresas de todo o mundo:

1. Escalabilidade: Uma das maiores vantagens da computação em nuvem para a análise de grandes volumes de dados é a escalabilidade. A computação em nuvem oferece a flexibilidade de adicionar ou remover recursos com base na natureza dinâmica das cargas de trabalho de grandes volumes de dados. A escalabilidade permite aos utilizadores lidar com cargas variáveis e ajustar os recursos para satisfazer a procura. Isto significa que as empresas podem processar e armazenar grandes volumes de dados sem se preocuparem com o momento em que um sistema pode ficar sobrecarregado.

2. Poupança de custos: A computação em nuvem proporciona às empresas uma forma de pouparem custos com a infraestrutura física de hardware, a manutenção e as actualizações. A nuvem oferece um modelo de pagamento consoante o uso, que permite às empresas pagar apenas pelo que utilizam. Isto significa que as empresas podem evitar os custos associados a sistemas que não estão a ser totalmente utilizados. As empresas que pretendem reduzir os custos e, ao mesmo tempo, obter uma análise de grandes volumes de dados podem utilizar plataformas de nuvem para o conseguir sem terem orçamentos ilimitados.

3. Agilidade: A computação em nuvem proporciona aos utilizadores a agilidade de que necessitam para poderem responder prontamente a novas tendências e informações sobre grandes volumes de dados. As equipas de análise poderão fazer experiências de forma rápida e eficiente, o que lhes permitirá dinamizar projectos e avançar enquanto estão no ar com informações sobre os dados.

4. Globalização: A computação em nuvem oferece uma oportunidade para as empresas atingirem públicos para além das suas localizações geográficas. As soluções de computação em nuvem permitem que as empresas distribuam a sua infraestrutura de grandes volumes de dados por outros locais, permitindo que equipas dispersas a nível mundial partilhem dados e colaborem em projectos.

5. Segurança: A segurança dos dados é uma das principais preocupações no mundo da análise de grandes volumes de dados. Os fornecedores de serviços de computação em nuvem têm uma variedade de soluções de segurança que protegem os dados contra ameaças e ciberataques. Os fornecedores oferecem encriptação de ponta a ponta para os dados, bem como autenticação multifactor e controlos de acesso que permitem às empresas criar eficazmente uma administração baseada em funções.

6. Melhor colaboração: A computação em nuvem facilita a colaboração entre as equipas, uma vez que estas podem partilhar dados numa localização central. Esta caraterística poupa tempo no fornecimento de acesso, melhora a coordenação entre equipas e permite que estas trabalhem em vários projectos simultaneamente.

Em conclusão, a computação em nuvem oferece uma série de benefícios que permitem às empresas fazer mais com os seus dados. A flexibilidade das soluções de computação em nuvem facilita a expansão das empresas à medida que crescem, mantendo os custos baixos. A caraterística de globalização cria oportunidades para as empresas acederem a mercados internacionais, colaborarem de forma eficiente e responderem rapidamente a novos conhecimentos sobre os dados. À medida que mais empresas adoptam a análise de grandes volumes de dados, as vantagens da computação em nuvem estão a tornar-se mais evidentes e continuarão a evoluir.

4.3 SOLUÇÕES DE GRANDES VOLUMES DE DADOS BASEADAS NA NUVEM

As soluções de Big Data baseadas na nuvem estão a tornar-se cada vez mais populares entre as empresas de todo o mundo. Estas soluções foram concebidas para ajudar as empresas a gerir e analisar grandes quantidades de dados, permitindo-lhes tomar decisões mais bem informadas, identificar tendências e padrões nos seus dados e obter uma vantagem competitiva nos respectivos sectores. Neste artigo, analisaremos em pormenor as principais características e vantagens das soluções de megadados baseadas na nuvem.

Soluções de Big Data baseadas na nuvem - Principais características:

1. Escalabilidade - As soluções de megadados baseadas na nuvem oferecem um elevado nível de escalabilidade, permitindo às empresas adicionar ou remover facilmente o armazenamento e a capacidade de processamento, conforme necessário. Isto é particularmente importante para as empresas que registam flutuações sazonais nas suas necessidades de processamento de dados.

2. Flexibilidade - As soluções de megadados baseadas na nuvem oferecem um elevado nível de flexibilidade, permitindo que as

empresas personalizem as suas soluções de processamento e armazenamento de dados de acordo com as suas necessidades específicas. As empresas podem escolher entre uma variedade de opções de armazenamento e processamento, consoante as suas necessidades de dados.

3. Rentável - As soluções de grandes volumes de dados baseadas na nuvem são geralmente mais rentáveis do que as soluções tradicionais no local. As empresas podem reduzir os seus custos de hardware e software, bem como os seus requisitos de pessoal de TI, externalizando as suas necessidades de processamento e armazenamento de dados para uma solução baseada na nuvem.

4. Segurança - As soluções de megadados baseadas na nuvem oferecem um elevado nível de segurança, com medidas sofisticadas de encriptação, autenticação e controlo de acesso para proteger os dados sensíveis.

Vantagens das soluções de megadados baseadas na nuvem:

1. Melhores informações sobre os dados - As soluções de Big Data baseadas na nuvem permitem às empresas analisar grandes quantidades de dados de forma rápida e precisa, fornecendo-lhes informações valiosas sobre o comportamento dos clientes, tendências de mercado e outros pontos de dados importantes.

2. Maior eficiência - As soluções de big data baseadas na nuvem permitem às empresas automatizar muitas das suas tarefas de processamento de dados, reduzindo a necessidade de intervenção manual e libertando os recursos de TI para outras tarefas.

3. Melhor tomada de decisões - Ao analisar os seus dados em tempo real, as empresas podem tomar decisões mais bem informadas, identificar novas oportunidades e atenuar os riscos potenciais de forma mais eficaz.

4. Maior agilidade - As soluções de megadados baseadas na nuvem permitem que as empresas respondam rapidamente às mudanças no mercado, permitindo-lhes manterem-se competitivas no atual ambiente empresarial de ritmo acelerado.

Em conclusão, as soluções de megadados baseadas na nuvem oferecem às empresas uma série de benefícios, incluindo melhores conhecimentos sobre os dados, maior eficiência, melhores capacidades de tomada de decisões e maior agilidade. As empresas que procuram obter uma vantagem competitiva nos seus respectivos sectores devem considerar a implementação de soluções de megadados baseadas na nuvem como parte da sua estratégia global de gestão e análise de dados.

Capítulo - 5

SEGURANÇA DA COMPUTAÇÃO EM NUVEM E DOS GRANDES VOLUMES DE DADOS

VISÃO GERAL

A computação em nuvem e a segurança dos megadados são dois aspectos importantes da infraestrutura de TI moderna. A computação em nuvem permite às organizações armazenar e aceder a dados e aplicações através da Internet, enquanto as soluções de megadados permitem a análise de conjuntos de dados grandes e complexos para extrair informações valiosas. No entanto, estas tecnologias também introduzem riscos de segurança que devem ser abordados para garantir a confidencialidade, integridade e disponibilidade de dados sensíveis.

A segurança da computação em nuvem envolve a proteção de ambientes de nuvem contra o acesso não autorizado, violações de dados e outras ameaças cibernéticas. As medidas de segurança incluem controlos de acesso, encriptação de dados e cópias de segurança de dados. Os provedores de nuvem também empregam medidas de segurança, como firewalls, sistemas de deteção de intrusão e ferramentas de monitoramento de rede para proteger contra ataques cibernéticos. No entanto, os utilizadores da nuvem também devem garantir que seguem as melhores práticas para proteger as suas contas e dados, como a utilização de palavras-passe fortes e a encriptação de informações confidenciais.

A segurança dos grandes volumes de dados, por outro lado, envolve a proteção das grandes quantidades de dados gerados e processados pelos sistemas de grandes volumes de dados. Isto inclui a garantia da privacidade dos dados, a proteção contra violações de dados e a gestão do acesso a informações sensíveis. Os dados devem ser protegidos em todas as fases, desde a recolha e armazenamento até à análise e distribuição. As medidas de segurança incluem encriptação de dados, controlos de acesso e mascaramento de dados para impedir o acesso não autorizado.

Um grande desafio para as organizações é equilibrar a necessidade de segurança com a necessidade de fácil acesso aos dados e colaboração. Isto pode ser particularmente difícil em ambientes de nuvem, que frequentemente envolvem vários utilizadores e aplicações que acedem e partilham dados. Para resolver este problema, as organizações devem implementar medidas de segurança que sejam eficazes e fáceis de utilizar, como o início de sessão único e a encriptação de dados ao nível da aplicação.

De um modo geral, a computação em nuvem e a segurança dos megadados são domínios complexos e em rápida evolução que exigem um investimento contínuo em pessoas, processos e tecnologia. As organizações devem tomar medidas proactivas para garantir a segurança dos seus dados e sistemas, equilibrando simultaneamente a necessidade de acesso aos dados e de colaboração. Ao adoptarem as melhores práticas e ao manterem-se actualizadas em relação às ameaças emergentes, as organizações podem enfrentar com êxito os desafios da segurança da computação em nuvem e dos megadados.

5.1 DESAFIOS DE SEGURANÇA NA COMPUTAÇÃO EM NUVEM E NOS GRANDES DADOS

A computação em nuvem e os grandes volumes de dados revolucionaram a forma como as empresas e as organizações utilizam a tecnologia. No entanto, a utilização destas novas tecnologias traz consigo uma série de desafios de segurança que têm de ser resolvidos para garantir a segurança dos dados sensíveis. Neste artigo, discutiremos alguns dos desafios de segurança mais comuns que as empresas enfrentam quando utilizam a computação em nuvem e o Big Data.

1. Segurança dos dados:

A computação em nuvem e os megadados têm tudo a ver com dados. A computação em nuvem refere-se à utilização de servidores baseados na Internet para armazenamento, processamento e gestão de dados. Isto significa que os dados são transmitidos e armazenados em servidores remotos que, normalmente, pertencem e são geridos por fornecedores terceiros. Neste caso, a segurança dos dados inclui garantir que apenas o pessoal autorizado pode aceder aos dados e que estes são encriptados quando são transmitidos e armazenados em servidores remotos.

Big data refere-se ao processamento e análise de conjuntos de dados grandes e complexos. Isto significa que há uma grande quantidade de dados sensíveis armazenados no sistema. Os dados incluem dados financeiros, informações de clientes e propriedade intelectual. Por conseguinte, é importante adotar medidas para impedir o acesso não autorizado aos dados. Os grandes volumes de dados também são frequentemente analisados utilizando a infraestrutura de computação em nuvem; por conseguinte, os dois desafios de segurança estão interligados.

2. Conformidade e regulamentação:

Outra questão importante é a necessidade de as empresas cumprirem vários regulamentos e leis no tratamento de dados. Os dados sensíveis, como as informações pessoais ou financeiras, são regulados por várias leis, como o Regulamento Geral sobre a Proteção de Dados (RGPD), a Lei Sarbanes-Oxley e a Lei de Portabilidade e Responsabilidade dos Seguros de Saúde (HIPAA). A conformidade com estas leis exige que as empresas implementem medidas de segurança rigorosas relativamente ao acesso, armazenamento e tratamento de dados.

3. Ameaças internas:

As ameaças internas representam um risco significativo para a segurança dos sistemas de nuvem e de megadados. Os funcionários ou contratantes com acesso a dados sensíveis podem, intencionalmente ou não, causar danos ao sistema. Isto inclui violações de dados, roubo de propriedade intelectual e danos na infraestrutura. A atenuação das ameaças internas é um processo complexo que exige a implementação de uma série de controlos de segurança, incluindo controlos de acesso dos utilizadores, encriptação e monitorização dos funcionários.

4. Ataques de negação de serviço (DoS):

Os ataques de negação de serviço envolvem a sobrecarga dos servidores com tráfego ao ponto de não conseguirem lidar com o tráfego legítimo. Este tipo de ataque pode resultar em tempo de inatividade prolongado do sistema e perda de dados. O ataque pode ser de dentro ou de fora da organização e pode ter como alvo sistemas de nuvem e de Big Data. A superação dos ataques DoS requer uma combinação de modelagem de ameaças, avaliação de vulnerabilidades e técnicas avançadas de monitoramento e segurança.

5. Controlos de segurança da computação em nuvem:

A computação em nuvem é inerentemente vulnerável a violações de segurança devido à sua dependência de fornecedores terceiros para a gestão de infra-estruturas. Isto significa que os fornecedores devem implementar medidas de segurança rigorosas para impedir que os piratas informáticos acedam aos dados. Os controlos de segurança da computação em nuvem incluem encriptação, autenticação multifactor, controlos de acesso e sistemas de deteção e prevenção de intrusões.

Concluindo, a computação em nuvem e os grandes volumes de dados trouxeram vantagens significativas ao mundo da tecnologia, mas com eles vem uma série de desafios de segurança. As organizações devem implementar uma série de medidas de segurança para enfrentar estes desafios e minimizar o risco de violações de dados e ciberataques. A conformidade com os regulamentos e a legislação em matéria de proteção de dados é também um aspeto essencial da segurança da computação em nuvem e dos megadados.

5.2 MELHORES PRÁTICAS DE SEGURANÇA NA NUVEM

A segurança na nuvem refere-se às medidas tomadas para proteger os dados, a infraestrutura e as aplicações de computação em nuvem contra acesso não autorizado, roubo e exploração. Aqui estão as práticas recomendadas de segurança na nuvem em detalhes:

1. Use autenticação forte: As organizações devem utilizar medidas de autenticação fortes, como a autenticação de dois factores (2FA), a autenticação multifactor (MFA) ou a autenticação biométrica para verificar a identidade dos utilizadores da nuvem.

2. Encriptar os dados: Os dados devem ser encriptados tanto em trânsito como em repouso para proteger contra o acesso não autorizado. As chaves de encriptação devem ser mantidas secretas e nunca partilhadas com pessoas não autorizadas.

3. Efetuar regularmente cópias de segurança dos dados: Os dados devem ser objeto de cópias de segurança regulares para garantir que não se perdem em caso de violação ou falha de segurança.

4. Implantar medidas de segurança: As organizações devem implementar medidas de segurança comuns, como firewalls, sistemas de deteção e prevenção de intrusões (IDPS) e software antivírus para detetar e impedir que a segurança da nuvem seja violada.

5. Implementar controlos de acesso: As organizações devem implementar controlos de acesso para limitar quem tem acesso aos recursos da nuvem. Isto inclui a implementação do controlo de acesso baseado em funções (RBAC) e a gestão de permissões.

6. Realizar auditorias e avaliações regulares: As organizações devem realizar auditorias e avaliações de segurança regulares para identificar vulnerabilidades e corrigi-las. Isso inclui a verificação regular da infraestrutura de nuvem em busca de vulnerabilidades.

7. Treinar os funcionários: As organizações devem fornecer formação regular aos funcionários para os instruir sobre como utilizar os recursos da nuvem de forma segura. Isto inclui a formação dos funcionários sobre como criar palavras-passe fortes, como identificar ataques de phishing e como comunicar incidentes de segurança.

8. Escolher um fornecedor de serviços em nuvem fiável: As organizações devem escolher um fornecedor de serviços de computação em nuvem fiável com um sólido historial de segurança e certificações de conformidade para o seu sector.

9. Estabelecer um plano de resposta a incidentes e de recuperação de desastres: As organizações devem ter um plano de resposta a incidentes e de recuperação de desastres para responder a violações de segurança e garantir a continuidade do negócio.

10. Ter um sistema de monitorização contínua: As organizações devem ter um sistema de monitorização contínua que possa acompanhar os riscos e problemas de segurança em tempo real. Este sistema deve fornecer alertas e notificações quando ocorrem violações

de segurança e dar visibilidade sobre o que causou o problema e como corrigi-lo.

Em conclusão, a segurança na nuvem é importante para que as organizações protejam seus dados, infraestrutura e aplicativos contra acesso não autorizado e roubo. Seguir essas práticas recomendadas ajudará as organizações a melhorar sua postura de segurança na nuvem e a proteger seus ativos valiosos contra o número crescente de ameaças cibernéticas na nuvem.

5.3 ESTRATÉGIAS PARA PROTEGER OS GRANDES VOLUMES DE DADOS

Apresento-lhe algumas estratégias para proteger os grandes volumes de dados em geral.

1. Implementar uma autenticação e um controlo de acesso sólidos: A autenticação e os controlos de acesso devem ser aplicados a todos os níveis dos grandes volumes de dados. Utilize a autenticação do utilizador, palavras-passe seguras, autenticação de dois factores e implemente permissões rigorosas sobre quem pode aceder a que dados.

2. Utilizar a encriptação: Encriptar os dados em trânsito e em repouso, tornando-os inúteis para qualquer parte não autorizada. Utilize algoritmos de encriptação padrão da indústria, como o AES, para proteger as palavras-passe e as chaves de encriptação armazenadas.

3. Implementar a monitorização em tempo real: A monitorização em tempo real pode detetar e prevenir violações de

dados. Monitorizar as anomalias no acesso aos dados e nos padrões de utilização.

4. Plano de backup e recuperação de dados: Criar e testar um plano de cópia de segurança e de recuperação para garantir que todos os dados são objeto de cópias de segurança a intervalos regulares.

5. Integrar os testes de segurança: Efetuar testes de segurança regulares para identificar vulnerabilidades no sistema e aplicar medidas correctivas.

6. Implementar a máscara de dados: Implementar a máscara de dados para proteger os dados sensíveis à organização ou às informações do utilizador.

7. Garantir a segurança física: A segurança física do centro de dados é tão importante quanto a digital. Implemente medidas de segurança física, como câmaras CCTV e controlos de acesso biométricos.

8. Atualizar regularmente o software: É importante atualizar regularmente o software e os sistemas operativos para se proteger contra vulnerabilidades de segurança.

9. Educar os funcionários: Fornecer formação de sensibilização para a cibersegurança a todos os funcionários, incluindo protocolos de segurança da rede e tácticas de engenharia social, para reduzir os erros e os ataques de phishing.

10. Implementar directrizes de segurança: Estabelecer directrizes de segurança claras para a organização, que incluam a

sensibilização para as melhores práticas de segurança, directrizes para a gestão de dados, políticas de privacidade e acordos de utilização.

Estas estratégias de segurança protegerão os grandes volumes de dados das ciberameaças e minimizarão as violações de dados.

Capítulo - 6

ESTUDOS DE CASO

6.1 HISTÓRIAS DE SUCESSO DA IMPLEMENTAÇÃO DA COMPUTAÇÃO EM NUVEM E DOS GRANDES DADOS

Introdução

Na atual era digital, o papel da computação em nuvem e dos grandes volumes de dados está a tornar-se cada vez mais importante para as empresas. Com o crescimento exponencial dos dados, as empresas podem aproveitar o poder da análise de megadados para obter informações valiosas sobre as suas operações, clientes e tendências de mercado. Ao mesmo tempo, a computação em nuvem oferece uma plataforma flexível e escalável para gerir e processar grandes conjuntos de dados. Este estudo de caso explora as histórias de sucesso da implementação da computação em nuvem e dos grandes volumes de dados em várias empresas e sectores.

Estudo de caso 1: Netflix

A Netflix é uma plataforma americana de streaming de filmes e programas de televisão com mais de 207 milhões de subscritores em todo o mundo. Para fornecer recomendações personalizadas aos seus utilizadores, a Netflix integrou a análise de grandes volumes de dados na sua infraestrutura de computação em nuvem. A Netflix recolhe dados de interacções dos utilizadores, hábitos de transmissão e outras fontes para gerar conhecimentos que informam as recomendações de conteúdos e ajudam a empresa a otimizar as suas operações.

A Netflix utiliza a nuvem para processar mais de 10 petabytes de dados gerados pelos seus utilizadores todos os dias. A empresa utiliza a Amazon Web Services (AWS) para construir a sua plataforma de grandes volumes de dados. O AWS oferece uma infraestrutura flexível e escalável que permite à Netflix ajustar-se a cargas de trabalho variáveis e aumentar ou diminuir a capacidade conforme necessário. A Netflix pode transmitir os seus conteúdos sem qualquer atraso utilizando o AWS.

Ao tirar partido do poder da nuvem e dos grandes volumes de dados, a Netflix cria melhores experiências para os utilizadores, desenvolve estratégias de conteúdo melhoradas e optimiza os seus recursos.

Estudo de caso 2: Uber

A Uber, a empresa de aplicações de transporte de passageiros, utiliza a análise de grandes volumes de dados para fornecer um serviço de transporte eficiente. Utilizando a aplicação Uber, os utilizadores podem pedir uma viagem com um simples clique num botão, e os condutores recebem o local de recolha e os detalhes do utilizador através da aplicação Uber Driver.

O sucesso da Uber depende da correspondência eficiente entre utilizadores e condutores, o que é facilitado pela sua plataforma de grandes volumes de dados baseada na nuvem. A Uber recolhe dados sobre as preferências dos passageiros, dados de localização, padrões de tráfego e disponibilidade de condutores e utiliza esta informação para otimizar os seus algoritmos de encaminhamento.

A Uber utiliza soluções de armazenamento de dados, como o PostgreSQL e o Apache Cassandra, para armazenar e gerir os seus dados, e utiliza o fornecedor de serviços na nuvem, AWS, para processar os seus dados. A Uber também aproveita o poder do Apache Hadoop, do Spark e do Flink para analisar e fornecer informações detalhadas sobre os seus dados.

A plataforma de análise de grandes volumes de dados da Uber ajuda a empresa a otimizar os seus preços, a melhorar a experiência dos utilizadores e a aumentar a eficiência do seu funcionamento geral.

Estudo de caso 3: Walmart

A Walmart é um dos maiores retalhistas do mundo e utiliza a análise de grandes volumes de dados e a computação em nuvem para otimizar as suas operações, melhorar a experiência do cliente e aperfeiçoar a gestão da cadeia de abastecimento.

A plataforma de análise de grandes volumes de dados da Walmart gere dados de milhões de clientes e transacções e ajuda a empresa a otimizar os seus níveis de inventário, a cadeia de abastecimento e as estratégias de preços. A Walmart também desenvolveu um algoritmo de aprendizagem automática que prevê a procura dos clientes em tempo real e utiliza estes dados para otimizar a colocação de produtos e reduzir os artigos fora de stock.

A Walmart estabeleceu uma parceria com fornecedores de serviços na nuvem, como o Microsoft Azure e o Google Cloud, para executar a sua plataforma de análise de grandes volumes de dados. O Azure fornece à Walmart capacidades de aprendizagem automática e de análise preditiva, enquanto o Google Cloud fornece à empresa capacidades de armazenamento na nuvem e de processamento de dados.

Ao tirar partido do poder da computação em nuvem e da análise de grandes volumes de dados, a Walmart alcançou eficiências operacionais significativas e melhorou a satisfação dos clientes.

Conclusão

A computação em nuvem e a análise de grandes volumes de dados são ferramentas valiosas que estão a transformar a forma como as empresas funcionam. As histórias de sucesso da Netflix, da Uber e da Walmart demonstram como a sua adoção transformou as suas operações e revolucionou os seus sectores. Para obter benefícios significativos, as empresas devem implementar uma infraestrutura de nuvem segura e escalável e aproveitar o poder da análise de grandes volumes de dados para obter informações significativas e otimizar os seus recursos.

6.2 EXEMPLOS DE EMPRESAS QUE UTILIZAM A COMPUTAÇÃO EM NUVEM E OS GRANDES DADOS

Exemplo 1: Netflix

A Netflix é um serviço de streaming que ganhou uma enorme popularidade nos últimos anos. Tem mais de 209 milhões de subscritores em todo o mundo, e é seguro dizer que a Netflix domina o sector do streaming. Utiliza a nuvem para executar as suas aplicações e armazenar todos os seus dados, incluindo filmes, programas de televisão e preferências dos clientes.

A computação em nuvem permite à Netflix aumentar ou diminuir a escala dos seus serviços, consoante o número de subscritores e a quantidade de dados processados. A Netflix paga apenas os recursos de computação em nuvem que utiliza, o que resulta em custos operacionais mais baixos. Além disso, a utilização da nuvem permite à equipa da Netflix efetuar uma análise exaustiva dos dados dos utilizadores, o que a ajuda a recomendar conteúdos personalizados para cada espetador.

A utilização da análise de grandes volumes de dados permite à Netflix recolher e analisar grandes volumes de dados que fornecem informações sobre as preferências e o comportamento dos clientes. Estas informações ajudam a Netflix a tomar melhores decisões em matéria de conteúdos, a adaptar os seus serviços a utilizadores individuais e a mantê-los envolvidos. Também utiliza algoritmos de aprendizagem automática para personalizar a experiência do utilizador, ajudando a reduzir a rotatividade e a melhorar a satisfação do cliente.

Exemplo 2: Airbnb

A Airbnb é um mercado online que permite aos proprietários alugar as suas propriedades a viajantes. Com mais de 7 milhões de anúncios, 220 países e mais de 100 milhões de utilizadores, a Airbnb é um gigante na indústria das viagens.

A Airbnb utiliza grandes volumes de dados para monitorizar as tendências do sector, incluindo a popularidade dos destinos e os preços, o que lhe permite otimizar a gestão da oferta e da procura. Para melhorar as suas medidas de segurança, a empresa utiliza algoritmos de aprendizagem automática para detetar actividades fraudulentas, como perfis falsos e roubo de identidade. A Airbnb também utiliza grandes volumes de dados para personalizar a experiência do utilizador, oferecendo recomendações e sugestões personalizadas a utilizadores individuais.

A Airbnb utiliza a nuvem para suportar as suas operações comerciais, permitindo-lhe escalar os seus serviços consoante a procura. Também utiliza a nuvem para armazenar dados, incluindo perfis de utilizadores, históricos de reservas e detalhes de propriedades. A computação em nuvem permite que o Airbnb reduza os custos operacionais e, ao mesmo tempo, melhore o desempenho e a disponibilidade dos seus serviços.

Conclusão:

A Netflix e a Airbnb fazem parte de um número crescente de empresas que utilizam a computação em nuvem e os megadados para melhorar os seus serviços, reduzir custos e manter-se competitivas. Estas tecnologias fornecem às empresas dados em tempo real que podem utilizar para otimizar as suas operações comerciais, personalizar a experiência do utilizador e tomar decisões baseadas em dados. O sucesso da Netflix e da Airbnb é uma prova do potencial da computação em nuvem e do big data.

┌─────────────────────┐
Capítulo - 7
└─────────────────────┘

INTERNET DAS COISAS COM TECNOLOGIAS DE GRANDES DADOS, NUVEM E M2M

Visão geral

A Internet das Coisas (IoT) pode ser uma rede de objectos físicos que podem agir uns com os outros para partilhar informações e tomar medidas. O termo foi inicialmente planeado por Kevin Sir Frederick Ashton em 1999. A ideia de IoT começou a ser utilizada no centro de Auto-ID do MIT. A IoT pode ser pronunciada como tecnologia Máquina a Máquina (M2M). Para a IoT, a variedade de milhares de milhões de dispositivos ligados é um indicador associado da IoT. A propriedade é simplesmente um facilitador associado, no entanto, o valor de 64 000 dólares da IoT está na informação (visão empresarial/economia baseada em dados). Para o Big Data, a coleta de dados é uma em todas as considerações e a IoT desempenhará papéis vitais para a coleta e compartilhamento de dados. Para o Big Data, a recolha de dados não é nada enquanto não houver uma visão real do negócio. A nuvem oferece tudo como um modelo de negócios de serviço para IOT e big data. A IoT pode ser um rei, os grandes dados podem ser uma rainha e a nuvem pode ser um palácio.

7.1 INTRODUÇÃO

A IdC tem um grande impacto na vida dos seres humanos, uma vez que avança para o nível seguinte da Web. A IoT é basicamente uma rede que se estende ao fornecimento de interconectividade, comunicação e ligação em rede entre dispositivos electrónicos e entidades físicas (objectos ou "coisas"). A Internet das Coisas (IoT) é a rede de objectos físicos - dispositivos, veículos, edifícios e outras coisas incorporadas com filosofia natural, software, sensores e conetividade de rede - que permite a estes objectos recolher e trocar informações. As tecnologias e soluções que alteram a integração de informações e serviços do universo nas actuais tecnologias de rede.

7.2 Inquérito sobre a utilização da IoT

200 profissionais de tecnologia e de negócios responsáveis por projectos IoT. O objetivo final do inquérito é compreender os impactos da utilização dos dados captados pelos dispositivos que fazem a interconectividade dos dispositivos, ou seja, a Internet das Coisas, e centrou-se no potencial latente dos dados da IoT. A principal utilização da IoT para a otimização do negócio: 53% estão a utilizar projectos IoT para otimizar as suas empresas existentes e 47% como um investimento empresarial estratégico. Os públicos-alvo das soluções IoT incluem os consumidores (42%), as empresas (54%) e a utilização interna pelos empregados (51%).

Desafios da IOT e dos dados

- 44% afirmaram que os dados são volumosos e não podem ser analisados eficazmente.

- 36% afirmaram que os dados eram difíceis de captar.

- 25% afirmaram que falta fiabilidade nos dados captados.

- 19% afirmam que os dados foram captados lentamente e são considerados inúteis.

- Depois de os dados serem recolhidos, 27% afirmaram não conseguir encontrar os resultados dos dados recolhidos.

- À semelhança da recolha de dados, 26% afirmaram que o processo de análise demora mais tempo a ser acionável.

- 24% afirmaram que os processos empresariais eram demasiado rígidos para utilizar as informações recolhidas a partir dos dados (mesmo que as informações tenham sido analisadas atempadamente).

- A facilidade de utilização do produto parece ser uma questão mais importante do que o custo para muitas partes interessadas na IoT.

- Mais participantes (76%) afirmaram que recolherão e armazenarão mais dados se for mais fácil fazê-lo, em vez de os pedirem gratuitamente.

7.3 IOT COM BIGDATA

A cadeia de valor dos megadados consiste nas seguintes fases: Recolha, ingestão, descoberta e limpeza, integração, análise e entrega. É apresentada na figura 7.1.

Recolha - Dados estruturados, não estruturados e semi-estruturados de várias fontes

Incorporação - carregamento de grandes quantidades de dados num único armazenamento de dados

Descoberta e limpeza - compreensão do formato e do conteúdo; limpeza e formatação

Integração - ligação, extração de entidades, resolução de entidades, indexação e fusão de dados

Análise - Inteligência, estatística, análise preditiva e de texto, aprendizagem automática

Entrega - consulta, visualização, entrega em tempo real com disponibilidade de classe empresarial

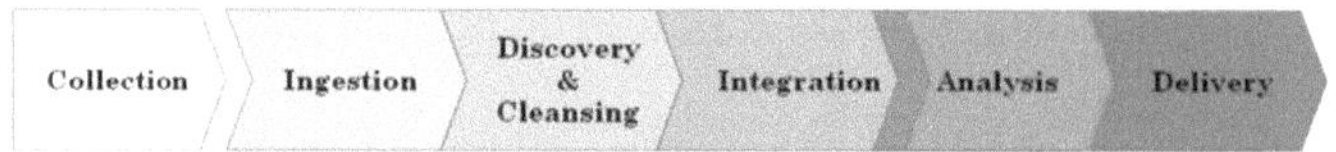

Figura 7.1: Cadeia de valor dos megadados

Considerações sobre a normalização de grandes volumes de dados

- Variedade de casos de utilização

- Mobilidade

- Segurança e privacidade

- Gestão do ciclo de vida e qualidade dos dados

- Gestão do sistema e outras questões

- Características dos dados

- o É distribuído ou centralizado

- o Os 4 Vs: Volume, Velocidade, Variedade, Veracidade

- Recolha de dados

- Visualização de dados

- Qualidade dos dados

- Análise de dados e ação

Figura 7.2: Fontes de dados para Big Data

Big Data ou IoT?

Em cada minuto, enviamos 0,204 mil milhões de e-mails, geramos 0,018 milhões de gostos no Facebook, enviamos 2,78lakhs tweets e carregamos 2 lakh fotografias no Facebook. (BIG DATA)

Em 2011, foram vendidas 12 milhões de etiquetas RFID (identificação por radiofrequência) (utilizadas para seguir os movimentos físicos dos objectos no mundo real através da captura de dados). Até 2021, estima-se que este número aumente para 209 mil milhões, com o arranque da IoT.

O crescimento da IoT resulta no aumento do número de dispositivos que se ligam à Internet de 13 mil milhões (atualmente) para 50 mil milhões (até 2020)

Prevê-se que a indústria de Big Data aumente as suas receitas de 10,2 mil milhões de dólares em 2013 para cerca de 54,3 mil milhões de dólares em 2017.

7.4 IOT COM CLOUD

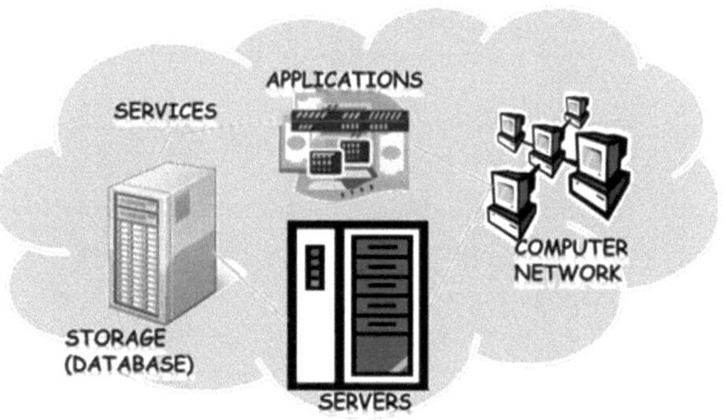

Conjunto partilhado de recursos informáticos configuráveis (infraestrutura da Internet designada por plataforma). Acesso à rede a pedido (a utilização da Internet para comunicação e transporte fornece hardware), software e serviços de rede aos clientes. É fornecido pelo fornecedor de serviços.

Figura 7. 3: Computação em nuvem

Para criar aplicações novas e inovadoras, a IoT interliga milhares de milhões de dispositivos, sensores e objectos em tempo real. Para suportar estas aplicações, é essencial uma plataforma fiável, versátil e ágil. Uma dessas plataformas é a computação em nuvem. A computação em nuvem é uma arquitetura que gere várias capacidades tecnológicas, tais como:

- multi-tenancy,

- aprovisionamento automatizado e

- contabilidade da utilização, apoiando-se na Internet e

- outras tecnologias de conetividade como

- navegadores Web mais ricos para concretizar a visão de uma computação fornecida como um utilitário.

Três modelos de serviços de computação em nuvem habitualmente utilizados, nomeadamente:

- Infraestrutura como serviço (IaaS)

- Plataforma como um serviço (PaaS) e

- Software como um serviço (SaaS)

No IaaS, o acesso ao hardware, como sensores e actuadores, é dado aos consumidores. Os consumidores podem criar serviços arbitrários e gerir o hardware através do controlo do acesso aos recursos da nuvem.

A PaaS pode fornecer uma plataforma a partir da qual o cliente pode aceder aos dados IoT e personalizá-los de acordo com as aplicações IoT que estão a ser desenvolvidas pelo consumidor.

O SaaS pode ser fornecido com a PaaS como base para oferecer a própria plataforma SaaS do fornecedor para domínios característicos da IoT.

Empresas como: Axeda18, ThingWorx19, DeviceWise20 - já estão a fornecer uma plataforma de desenvolvimento de software para criar aplicações M2M e IOT inovadoras.

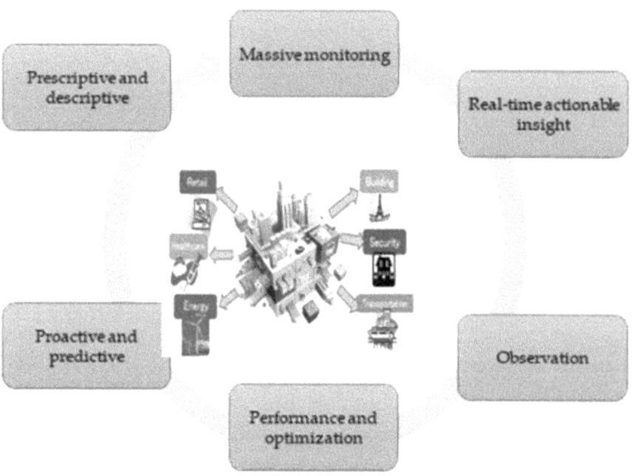

Figura 7.4: Aplicações de megadados IoT baseadas na nuvem

Principais características das nuvens para suportar a IoT

Várias funcionalidades disponíveis nas nuvens são requisitos de objectos com recursos limitados:

- Flexibilidade na afetação de recursos

- Aplicações mais inteligentes

- Poupança de energia

- Sem infra-estruturas no local

- Heterogeneidade do ambiente inteligente

- Escalabilidade e agilidade

- Virtualização

7.5 IOT COM M2M

M2M (Machine-to-Machine Applications) (para ser mais preciso, comunicações Mobile-to-Machine e Machine-to-Mobile) é uma área emergente nas tecnologias de telecomunicações. Trata-se de um comportamento aumentado. M2M, IoT são acrónimos criados por pessoas que tentam criar novas tendências mesmo sem compreender as necessidades dos utilizadores. M2M é a comunicação entre duas ou mais entidades que não necessita de qualquer intervenção humana direta. A M2M utiliza um dispositivo (sensor) para captar um "evento" (temperatura), que ocorre através de uma rede (sem fios, com fios ou híbrida) para uma aplicação (programa de software). Além disso, converte o evento captado em informação significativa (por exemplo, os artigos precisam de ser reabastecidos).

Componentes do M2M:

São utilizados os seguintes componentes: Dispositivo M2M, rede M2M e Gateways M2M.

Dispositivo M2M é um dispositivo que executa aplicação(ões) capaz(es) de M2M e funções de domínio de rede. O dispositivo M2M está ligado diretamente a uma rede de acesso ou ligado a múltiplas gateways M2M através de uma rede de área M2M.

A rede de área M2M é uma rede de área que fornece interconectividade entre dispositivos M2M e gateways M2M.

Exemplos de redes de área M2M incluem:

- Tecnologias de redes de área pessoal, tais como: IEEE 802.15, SRD, UWB, Zigbee, Bluetooth, etc. ou

- redes locais, tais como PLC, M-BUS, M-BUS sem fios.

Gateways M2M - Equipamentos que utilizam capacidades M2M para garantir que os dispositivos M2M estão a funcionar e interligados à rede e ao domínio da aplicação. O Gateway M2M pode também executar aplicações M2M.

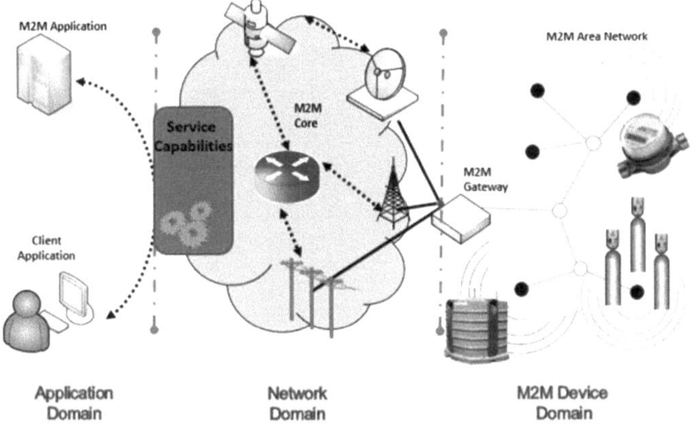

Figura 7.5: Arquitetura M2M

7.6 INTEGRAÇÃO DE NUVENS, GRANDES VOLUMES DE DADOS TENDO EM CONTA A IOT

Os dados serão armazenados na "nuvem". Os dados podem ser acedidos em qualquer lugar pelos utilizadores e pelos seus dispositivos. Os dados também podem ser partilhados com outras pessoas.

Combinar as nuvens e a IoT

> ➢ Suportar os recursos necessários para serem acedidos por novos objectos genéricos

> ➢ Satisfazer os requisitos computacionais dinâmicos das aplicações ecológicas com as tecnologias de redes de sensores existentes

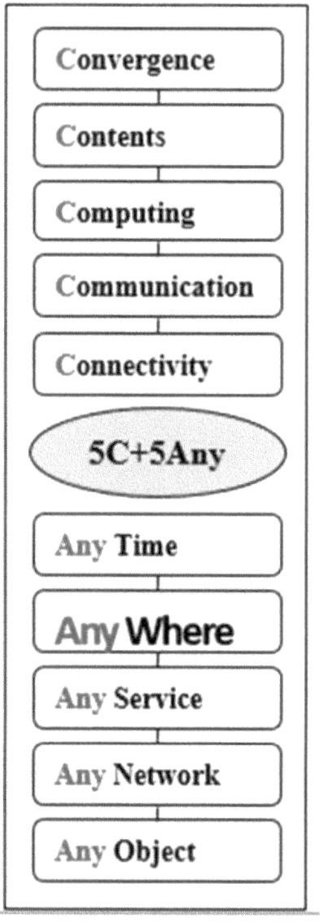

Figura 7.6: 5C e 5Any

Benefícios

- ➢ A nuvem pode trabalhar em nome do objeto para

    - aumentar a acessibilidade,

    - desempenho sustentável e

    - escalabilidade.

- ➢ A nuvem pode suportar a continuidade dos recursos, de modo a que os objectos se desloquem livremente, mudando as tecnologias de acesso, enquanto utilizam recursos da mesma nuvem.

7.7 CONCLUSÃO

IoT, Big data, Cloud e M2M são o futuro do mundo. A IoT é um elemento de um ambiente mais inteligente que pode ser utilizado em combinação com a comunicação M2M e os serviços na nuvem. É possível uma grande proteção, recolha e processamento de dados. O transporte seguro de dados, a menor utilização de largura de banda, a resposta mais rápida, o menor consumo de bateria e o facto de funcionar bem em redes com latência são outras vantagens. Isto permite que os dispositivos comuniquem o estado e a informação, que, por sua vez, podem ser recolhidos, melhorados e interligados internamente ou a outras unidades. A utilização dos dados de formas novas e úteis e a IoT podem ser revolucionadas.

O ambiente de serviço IoT baseado na nuvem combina a computação em nuvem, os grandes dados e a IoT. O principal objetivo é apoiar de forma proficiente vários serviços utilizando tecnologias de nuvem e de análise de diferentes tipos de objectos (por exemplo, dispositivos, máquinas, etc.). Os esforços de calibração relevantes para a realização da IdC baseada na computação em nuvem têm de ser acelerados, tendo especialmente em conta a sua viabilidade comercial.

Capítulo - 8

FUTURO DA COMPUTAÇÃO EM NUVEM E DOS GRANDES DADOS

8.1 TENDÊNCIAS ACTUAIS DA COMPUTAÇÃO EM NUVEM E DOS GRANDES DADOS

A computação em nuvem e os grandes volumes de dados são dois domínios estreitamente relacionados que registaram um enorme crescimento nos últimos anos. Estão a permitir que as empresas acedam e processem grandes quantidades de dados de forma rápida e eficiente, fornecendo informações essenciais sobre o comportamento dos clientes e o desempenho das empresas. Eis algumas das tendências actuais mais proeminentes da computação em nuvem e do megadados:

1. Computação de borda: A computação de ponta é uma tendência que está a ganhar popularidade no âmbito da computação em nuvem, uma vez que proporciona uma forma de processar dados diretamente no local onde estão a ser gerados, em vez de os enviar para um centro de dados central. Isto permite aumentar a velocidade e reduzir a latência, o que é especialmente importante na análise de dados em tempo real.

2. Adoção de várias nuvens: À medida que as empresas continuam a transferir as suas cargas de trabalho para a nuvem devido aos benefícios que esta proporciona, muitas estão a adotar várias plataformas de nuvem para suportar as suas várias aplicações. Essa

tendência levou ao surgimento de ferramentas de gerenciamento de várias nuvens que ajudam as empresas a gerenciar suas cargas de trabalho em vários provedores de nuvem.

3. Computação sem servidor: Outra tendência da computação em nuvem é a computação sem servidor, que permite aos programadores criar e executar aplicações e serviços sem se preocuparem com a gestão da infraestrutura. Com a computação sem servidor, o fornecedor de serviços de computação em nuvem gere a infraestrutura, permitindo que os programadores se concentrem na criação e no fornecimento das suas aplicações.

4. IA e aprendizagem automática: As capacidades dos grandes volumes de dados melhoraram muito devido aos avanços da inteligência artificial e da aprendizagem automática. As empresas podem agora tirar partido destas tecnologias para analisar e obter informações sobre grandes quantidades de dados de forma rápida e exacta.

5. Privacidade e segurança dos dados: Com o aumento dos grandes volumes de dados, as empresas estão cada vez mais conscientes da importância da privacidade e da segurança dos dados. Por conseguinte, a segurança e a conformidade dos dados estão a tornar-se considerações essenciais ao escolher um fornecedor de serviços em nuvem ou ao desenvolver uma estratégia de megadados.

Em conclusão, a computação em nuvem e os megadados continuam a registar um crescimento significativo, e estas tendências não mostram sinais de abrandamento. À medida que mais empresas fazem a transição para a nuvem e aproveitam a análise de grandes volumes de dados para melhorar os seus resultados comerciais, podemos esperar ver ainda mais inovação e desenvolvimento nestas áreas.

8.2 PREVISÕES PARA O FUTURO DA COMPUTAÇÃO EM NUVEM E DOS GRANDES VOLUMES DE DADOS

Seguem-se algumas previsões para o futuro da computação em nuvem e dos grandes dados:

1. Crescimento contínuo: A computação em nuvem e os grandes dados já registaram um crescimento explosivo na última década. Prevê-se que esta tendência se mantenha no futuro, à medida que cada vez mais empresas e indivíduos recorrem a serviços baseados na nuvem para armazenar, processar e analisar dados. Prevê-se que o mercado global de computação em nuvem atinja 623,3 mil milhões de dólares até 2023, enquanto o mercado de megadados deverá atingir 271 mil milhões de dólares até 2022.

2. Serviços mais personalizados: À medida que a análise de grandes volumes de dados e os serviços baseados na nuvem continuam a melhorar, podemos esperar ver serviços mais personalizados que atendam às necessidades individuais. Por exemplo, a IA e os algoritmos de aprendizagem automática podem ajudar as empresas e os indivíduos a extrair informações de grandes conjuntos de dados e a personalizar os seus serviços com base nas informações obtidas.

3. Maior dependência de infra-estruturas baseadas na nuvem: A infraestrutura tradicional de TI está a ser cada vez mais substituída por alternativas baseadas na nuvem. Esta tendência deverá continuar à

medida que mais empresas se apercebem dos benefícios da computação em nuvem, incluindo a escalabilidade, a relação custo-eficácia e uma maior flexibilidade.

4. Maior segurança e proteção de dados: À medida que a computação em nuvem e os grandes volumes de dados se tornam mais integrados nas nossas vidas, a segurança e a proteção dos dados tornar-se-ão uma prioridade máxima. Para tal, será necessário investir em novas tecnologias e protocolos de segurança para evitar violações de dados, ciberataques e outras ameaças à segurança.

5. Emergência de novas tecnologias: O futuro da computação em nuvem e dos megadados deverá ser moldado por tecnologias emergentes como a cadeia de blocos, a computação periférica e a computação quântica. Estas tecnologias já estão a ser exploradas pelo seu potencial para melhorar a eficiência, a segurança e a escalabilidade dos serviços baseados na computação em nuvem.

6. Maior importância da análise de dados: Como os grandes volumes de dados continuam a crescer, a capacidade de analisar e extrair valor dos dados tornar-se-á cada vez mais importante. Para tal, será necessário investir em ferramentas de análise de dados e em conhecimentos especializados para garantir que as empresas e os indivíduos possam utilizar as vastas quantidades de dados de que dispõem.

De um modo geral, o futuro da computação em nuvem e dos grandes volumes de dados será provavelmente caracterizado por um crescimento contínuo, inovação e uma maior dependência de infra-estruturas baseadas na nuvem. Com o surgimento de novas tecnologias e uma maior ênfase na segurança e na proteção de dados, as empresas e os indivíduos terão de se adaptar e investir em novas ferramentas e conhecimentos para se manterem na vanguarda.

Capítulo - 9

CONCLUSÃO

9.1 RESUMO DOS PONTOS PRINCIPAIS

A computação em nuvem e o big data são dois dos avanços tecnológicos mais importantes do século XXI. Revolucionaram a forma como as empresas operam e abriram novas oportunidades para as empresas analisarem e gerirem grandes volumes de dados. Neste resumo, vamos explorar alguns dos pontos-chave relacionados com a computação em nuvem e o big data.

Computação em nuvem:

1. Definição: A computação em nuvem refere-se à prestação de serviços de computação, incluindo software, armazenamento e capacidade de processamento, através da Internet. Em vez de possuírem e gerirem a sua própria infraestrutura de TI, as empresas podem alugar o acesso a estes serviços a fornecedores de serviços de computação em nuvem.

2. Vantagens: A computação em nuvem oferece vários benefícios às empresas, incluindo maior flexibilidade, escalabilidade e economia de custos. Ao alugar recursos de TI em vez de os possuir, as empresas podem ajustar as suas necessidades de computação

conforme necessário, sem necessidade de hardware ou infra-estruturas adicionais.

3. Fornecedores de nuvem: Existem vários fornecedores de serviços em nuvem no mercado, incluindo o Amazon Web Services (AWS), o Microsoft Azure e o Google Cloud Platform. Cada fornecedor tem o seu próprio conjunto de serviços e modelos de preços, permitindo às empresas escolher o fornecedor que melhor se adapta às suas necessidades.

4. Tipos de computação em nuvem: Existem três tipos principais de computação em nuvem: Infraestrutura como serviço (IaaS), plataforma como serviço (PaaS) e software como serviço (SaaS). Cada tipo oferece diferentes níveis de flexibilidade e controlo sobre a infraestrutura de computação em nuvem.

5. Desafios: Apesar dos seus muitos benefícios, a computação em nuvem também apresenta alguns desafios para as empresas, incluindo riscos de segurança, preocupações com a privacidade dos dados e potencial dependência de fornecedores. As empresas devem considerar cuidadosamente estes factores antes de adoptarem a computação em nuvem.

Grandes volumes de dados:

1. Definição: Big data refere-se aos grandes volumes de dados estruturados e não estruturados gerados diariamente pelas empresas. Estes dados podem ser analisados utilizando ferramentas analíticas avançadas para fornecer informações valiosas e fundamentar decisões empresariais.

2. Tipos de dados: Os grandes dados podem ser divididos em três tipos: estruturados, não estruturados e semi-estruturados. Os dados estruturados são altamente organizados e podem ser facilmente analisados utilizando ferramentas de bases de dados tradicionais. Os dados não estruturados, como as publicações nas redes sociais e os e-mails, são mais difíceis de analisar, mas podem fornecer informações valiosas sobre o comportamento dos clientes. Os dados semi-estruturados, como XML e JSON, estão algures no meio.

3. Ferramentas de análise: Existem várias ferramentas analíticas avançadas disponíveis para analisar grandes volumes de dados, incluindo algoritmos de aprendizagem automática, ferramentas de visualização de dados e ferramentas de análise preditiva. Estas ferramentas podem ajudar as empresas a descobrir padrões e tendências nos seus dados e a tomar decisões baseadas em dados.

4. Desafios: Um dos maiores desafios dos megadados é o enorme volume de dados gerados pelas empresas. As empresas têm também de garantir que os seus dados são exactos, completos e armazenados de forma segura. Por último, as empresas devem possuir as competências e os conhecimentos adequados para analisar os seus dados de forma eficaz.

Em conclusão, a computação em nuvem e os megadados são dois componentes críticos das operações comerciais modernas. Embora ambos apresentem desafios, os seus benefícios superam de longe os seus riscos. Ao adotar a computação em nuvem e ao tirar partido da análise de megadados, as empresas podem obter uma vantagem competitiva e impulsionar o crescimento no atual ambiente empresarial acelerado.

9.2 REFLEXÕES FINAIS SOBRE A COMPUTAÇÃO EM NUVEM E OS GRANDES DADOS

A computação em nuvem e o big data são duas das inovações mais importantes que surgiram no mundo da tecnologia nos últimos anos. A combinação destas duas tecnologias transformou a forma como as empresas funcionam, proporcionando novas oportunidades de crescimento e inovação.

A computação em nuvem revolucionou a forma como as empresas armazenam e gerem os dados. Com a computação em nuvem, as empresas podem armazenar os seus dados em servidores remotos que são mantidos por um fornecedor externo. Isto não só permite às empresas poupar dinheiro em custos de infra-estruturas, como também lhes permite aceder aos seus dados a partir de qualquer parte do mundo.

Os grandes volumes de dados, por outro lado, permitiram às empresas dar sentido às grandes quantidades de dados que recolhem diariamente. Com a análise de grandes volumes de dados, as empresas podem descobrir informações valiosas sobre as suas operações, mercados e clientes. Isto permitiu às empresas tomar melhores decisões, melhorar os seus produtos e serviços e obter uma vantagem competitiva.

Em conjunto, a computação em nuvem e os grandes volumes de dados transformaram a forma como as empresas funcionam. Proporcionaram às empresas novas oportunidades de crescimento e inovação e permitiram-lhes funcionar de forma mais eficiente e eficaz. À medida que as empresas continuam a gerar mais dados, a procura de soluções de computação em nuvem e de grandes volumes de dados continuará a crescer.

Em conclusão, a computação em nuvem e os grandes volumes de dados são duas das tecnologias mais importantes que as empresas devem adotar para se manterem competitivas na economia digital atual. Têm o potencial de transformar a forma como as empresas funcionam, abrindo novas oportunidades de crescimento e inovação. À medida que as empresas continuam a expandir-se e a inovar, a computação em nuvem e os megadados desempenharão um papel crucial no seu sucesso.

REFERÊNCIAS

1. S. Balakrishnan, J. Janet, K.N. Sivabalan, "Secure Data Sharing in a Cloud Environment by Using Biometric Leakage resilient Authenticated Key Exchange", Pak. J. Biotechnol. Vol. 15 (2) 293-297 (2018).

2. S. Balakrishnan, D.Deva, "Interna ou externa - que base de dados pode contribuir mais para a inteligência empresarial?" Revista CSI Communications, Vol. 42, edição 7, outubro de 2018, pp. 24-25. ISSN: 0970-647X.

3. J. Janet, S. Balakrishnan e E. Murali, "Improved data transfer scheduling and optimization as a service in cloud," 2016 International Conference on Information Communication and Embedded Systems (ICICES), Chennai, 2016, pp. 1-3. doi: 10.1109/ICICES.2016.7518895.

4. Balakrishnan S., Janet J., Spandana S. "Extensibilidade do conjunto de ficheiros sobre dados codificados em nuvem através de uma pesquisa multipalavra-chave de grão fino potenciada". In: Deiva Sundari P., Dash S., Das S., Panigrahi B. (eds) Actas da 2ª Conferência Internacional sobre Computação Inteligente e Aplicações. Avanços em Sistemas Inteligentes e Computação, vol 467. 2017. Springer, Singapura.

5. J. Janet, S. Balakrishnan e K. Somasekhara, "Mecanismo de armazenamento na nuvem baseado no código de fonte para otimizar o atraso na recuperação de ficheiros", Conferência

Internacional de 2016 sobre Comunicação de Informação e Sistemas Integrados (ICICES), Chennai, 2016, pp. 1-4. doi: 10.1109/ICICES.2016.7518901.

6. J. Janet, S. Balakrishnan e E. R. Prasad, "Otimização da movimentação de dados num ambiente de nuvem utilizando técnicas de compressão eficientes", Conferência Internacional de 2016 sobre Comunicação de Informação e Sistemas Incorporados (ICICES), Chennai, 2016, pp. 1-5. doi: 10.1109/ICICES.2016.7518896.

7. S.Balakrishnan, "Peer-To-Peer Central Registry Based Internet of Everything (IoE) Protocol", revista CSI Communications, Vol. 41, número 4, julho de 2017, pp. 26-29.

8. S.Balakrishnan, J. Janet, R. Sachinkanithkar, D. Reshma, "Technological Innovations for Agricultural Developments Through Information Communications Technology (ICT)", revista CSI Communications, Vol. 41, número 6, setembro de 2017, pp. 10-13.

9. S.Balakrishnan, S.Sheeba Rani, K.C.Ramya, "Conceção e desenvolvimento de um sistema de aquicultura inteligente baseado na IoT num ambiente de nuvem", International Journal of Oceans and Oceanography, ISSN 0973-2667, Volume 13, Número 1 (2019), pp. 121-127.

10. J.Janet, S.Balakrishnan, S.Sheeba Rani, "IOT Based Fishery Management System", International Journal of Oceans and Oceanography, ISSN 0973-2667, Volume 13, Número 1 (2019), pp. 147-152.

11.J.Janet, S.Balakrishnan, S.Sheeba Rani, "IoT based lake and reservoir management system", International Journal of Lakes and Rivers (IJLR), Vol. 12, Issue 1, (2019), pp. 21-25.

12.S.Sheeba Rani, S.Balakrishnan, V.Kamatchi Sundari, K.C.Ramya, Sistema de monitorização do nível de água baseado na IoT para o lago num ambiente de nuvem, International Journal of Lakes and Rivers (IJLR).

13.S. Balakrishnan e Rahul R. "Big Data in Business Intelligence", revista CSI Communications, Volume n.º 42, Edição n.º 8, novembro de 2018, pp. 21-23.

14.S. Balakrishnan Jayasudha Subburaj J. P. Ananth "An impact of Big Data and Crowdsourcing Analytics in business process", revista CSI Communications, Volume n.º 43, Edição n.º 2, maio de 2019, pp. 19-21.

15.Amoretti, M., Laghi, M. C., Tassoni,F., Zanichelli, F. (2010), "Service Migration within the Cloud: Mobilidade de código no SP2A". Actas da Conferência Internacional sobre Computação e Simulação de Alto Desempenho (HPCS), 2010, pp.196-202.

16.Stillwell, M., Schanzenbach, D., Vivien, F., Casanova, H. (2009), "Resource Allocation using Virtual Clusters." Actas do 9º Simpósio IEEE sobre Computação em Cluster e a Grelha (CCGrid'09), maio de 2009.

17.Fallenbeck, N., Picht, H.J., Smith, M. e Freisleben, B. (2006), "Xen and the Art of Cluster Scheduling". 2º Workshop Internacional do IEEE sobre Tecnologia de Virtualização em Computação Distribuída (VTDC '06).

18.Rao, J., Bu, X., Xu, C.Z., Wang, L. e Yin Vconf., G. (2009), "A Reinforcement Learning Approach to Virtual Machines Auto Configuration". Actas da 6.ª conferência internacional sobre computação autónoma, 2009.

19.Zeng, C., Guo, X., Ou, W., e Han, D. (2009), "Composição e pesquisa de serviços de computação em nuvem com base na semântica". Conferência Internacional sobre Computação em Nuvem, Eds. LNCS 5931, Springer-Verlag, 2009, pp. 290-300.

20.Zou, G., Chen, Y., Yang, Y., Huang, R. e Xu, Y. (2010), "Planeamento de IA e otimização combinatória para a composição de serviços Web na computação em nuvem". Processo da Conferência Internacional sobre Computação em Nuvem e Virtualização, 2010.

21.Foster, I., Yong, Z., Raicu, I., Lu, S. (2008), "Cloud Computing and Grid Computing 360-Degree Compared". Workshop sobre ambientes de computação em grelha, 2008. GCE '08, pp.1-10, 12-16 Nov. 2008.

22.Sundaraj, A., Dinda, P. (2004), "Towards Virtual Networks for Virtual Machine Grid Computing". 3ª conferência sobre o Simpósio de Investigação e Tecnologia de Máquinas Virtuais - Volume 3, pp. 177-190, 2004.

23.Keahey, K., Doering, K., Foster, I. (2004), "From Sandbox to Playground: Dynamic Virtual Environments in the Grid". 5º Workshop Internacional IEEE/ACM sobre Computação em Grelha, 8 de novembro de 2004, pp. 34-42.

24.Zhang, X., Keahey, K., Foster, I., Freeman, T.: Virtual Cluster Workspaces for Grid. Disponível on-line em:

http://www.nimbusproject.org/files/VWCluster_TR_ANL_MC
S-P1246-0405.pdf.

25.Armbrust, M., Fox, A., Griffith, R., Joseph, A.D., Katz, R., Konwinski, A., Lee, G., Patterson, D., Rabkin, A., Stoica, I., Zaharia, M. (2009), "Above the clouds: A Berkeley View of Cloud Computing". Relatório técnico, fevereiro de 2009.

26.B. Rochwerger, D. Breitgand, E. Levy, A. Galis, K. Nagin, I. Llorente. (2009), "The Reservoir model and architecture for open federated cloud computing", IBM Journal of Research and Development, Volume 53, abril de 2009.

27.Raj H, Schwan K (2009), "Extending virtualization services with trust guarantees via behavioral monitoring." In Proceedings of the 1st EuroSys Workshop on Virtualization Technology for Dependable Systems, VDTS'09 24-29. Nova Iorque: ACM.

28.Wei J, Zhang X, Ammons G, Bala V, Ning P. (2009), "Gerir a segurança de imagens de máquinas virtuais num ambiente de nuvem". In Proceedings of the 2009 ACM workshop on Cloud computing security, CCSW '09 91-96. Nova Iorque: ACM. [http://doi.acm.org/10.1145/1655008.1655021]

29.Antonopoulos A. (2007), "Securing Virtualized Infrastructure: From Static Security to Virtual Shields" (Da segurança estática aos escudos virtuais). Relatórios técnicos, Nemertes Research. [http://hackreport.net/wp-content/uploads/2007/03/nemertes-issue-papersecuring-virtualized-infrastructure.pdf]

30.Schaaf M, Koschel A, Grivas SG, Astrova I, (2010), "Um serviço de actividades de estilo SGBD ativo para ambientes de nuvem". Em Cloud Computing 2010: The First International Conference on Cloud Computing, GRIDs, and Virtualization in Cloud Computing 2010 in Computation World 2010 IARIA 80-85.

31. Aberer K, Despotovic Z. (2001), "Managing Trust in a Peer-2-Peer Information System", Proc. 10th International Conference on Information and Knowledge Management (CIKM '01), pp. 310-317.

32. Harper N. (1996), "Intelligent Agents and the Internet". Escola de Computação e Sistemas de Informação, Universidade de Sunderland, Reino Unido.

33. Buchanan B. G, Smith R.G. (1988), "Fundamentals of Expert Systems". Annual Review of Computer Science, vol. 3, páginas 23-58.

34. Bellifemine F, G. Caire, A. Poggi, G. Rimassa. (2008), "JADE: Uma estrutura de software para o desenvolvimento de aplicações multiagentes". Lições aprendidas. Information and Software Technology, 50(1-2):10-21, janeiro de 2008.

35. Labrou Y., Finin T. A, (1997). "Proposta para uma nova especificação KQML". Departamento de Informática e Engenharia Eléctrica, Universidade de Maryland Baltimore Country, Baltimore, Maryland.

36. Fundação para Agentes Físicos Inteligentes (2002). "FIPA ACL Message Structure Specification". (Fonte: http://www.fipa.org/specs/fipa00061).

37. Chalupsky H, Finin T, Fritzon R, McKay D, Shapiro S, Wiederhold G, (1992). "An Overview of KQML: A Knowledge

Query and Manipulation Language". Actas da Conferência de Engenharia Simultânea e Logística Assistida por Computador, Washington, EUA.

38. www.nist.gov/itl/cloud, junho de 2011.

39. Balakrishnan S, Dr. K. L. Shunmuganathan, Raja Sreenevasan, "Melhoria da inteligência artificial utilizando técnicas de jogo para um jogo de tabuleiro de informação imperfeita Geister", Revista Internacional de Investigação em Engenharia Aplicada, ISSN 0973-4562, Volume 9, Número 22 (2014), pp. 11849-11860.

40. Balakrishnan S, Dr.K.L.Shunmuganathan, "Uma assistência de filtragem de spam colaborativa baseada em agente usando JADE", Revista Internacional de Pesquisa em Engenharia Aplicada ISSN 0973-4562 Volume 11, Número 3 (2016), pp 2036-2041.

41. K. Dhana Sree Devi, D. Sumathi, V Vignesh, Chunduru Anilkumar, Kirankumar Kataraki, S. Balakrishnan, balanceamento de carga CLOUD para armazenar a internet das coisas usando balanceador de carga profundo com segurança aprimorada, Measurement: Sensors, Volume 28, 2023, 100818, ISSN 2665-9174. https://doi.org/10.1016/j.measen.2023.100818.

42. Ramamoorthy, S., Ravikumar, G., Saravana Balaji, B. et al. MCAMO: técnica de otimização de programação de recursos multi-objetivo com múltiplas restrições para serviços de infra-estruturas em nuvem. J Ambient Intell Human Comput 12, 5909-5916 (2021). https://doi.org/10.1007/s12652-020-02138-0

43.Ponmagal, R.S., Karthick, S., Dhiyanesh, B. et al. Técnica de provisionamento de função de rede virtual otimizada para computação em nuvem de borda móvel. J Ambient Intell Human Comput 12, 5807-5815 (2021). https://doi.org/10.1007/s12652-020-02122-8

44.S. Balakrishnan, J. Janet, K.N. Sivabalan, "Secure Data Sharing in a Cloud Environment by Using Biometric Leakage resilient Authenticated Key Exchange", Pak. J. Biotechnol. Vol. 15 (2) 293-297 (2018).

45.S. Balakrishnan, D.Deva, "Interna ou externa - que base de dados pode contribuir mais para a inteligência empresarial?" Revista CSI Communications, Vol. 42, edição 7, outubro de 2018, pp. 24-25. ISSN: 0970-647X.

46.J. Janet, S. Balakrishnan e E. Murali, "Improved data transfer scheduling and optimization as a service in cloud," 2016 International Conference on Information Communication and Embedded Systems (ICICES), Chennai, 2016, pp. 1-3. doi: 10.1109/ICICES.2016.7518895.

47.Balakrishnan S., Janet J., Spandana S. "Extensibilidade do conjunto de ficheiros sobre dados codificados em nuvem através de uma pesquisa multipalavra-chave de grão fino potenciada". In: Deiva Sundari P., Dash S., Das S., Panigrahi B. (eds) Actas da 2ª Conferência Internacional sobre Computação Inteligente e Aplicações. Avanços em Sistemas Inteligentes e Computação, vol 467. 2017. Springer, Singapura.

48.J. Janet, S. Balakrishnan e K. Somasekhara, "Mecanismo de armazenamento na nuvem baseado no código de fonte para otimizar o atraso na recuperação de ficheiros", Conferência Internacional de 2016 sobre Comunicação de Informação e Sistemas Integrados (ICICES), Chennai, 2016, pp. 1-4. doi: 10.1109/ICICES.2016.7518901.

49. J. Janet, S. Balakrishnan e E. R. Prasad, "Otimização da movimentação de dados num ambiente de nuvem utilizando técnicas de compressão eficientes", Conferência Internacional de 2016 sobre Comunicação de Informação e Sistemas Incorporados (ICICES), Chennai, 2016, pp. 1-5. doi: 10.1109/ICICES.2016.7518896.

50. M. Balasubramaniyan, M. Balasubramanian, S. Balakrishnan, "Otimização de movimentação de dados em um ambiente de nuvem usando a técnica de otimização de capacidade", Jour of Adv Research in Dynamical & Control Systems. Vol. 10, 11-Edição Especial, 2018, pp. 740-743.

51. Sruthi Anand, N.Susila, S.Balakrishnan, Challenges and Issues in Ensuring Safe Cloud Based Password Management to Enhance Security", International Journal of Pure and Applied Mathematics, Volume 119, N.º 12, 2018, pp.1207-1215.

52. Dipon Kumar Ghosh , Prithwika Banik , Dr. S. Balakrishnan (2018), "Review-Guppy: A Decision-Making Engine for Ecommerce Products Based on Sentiments of Consumer Reviews", International Journal of Pure and Applied Mathematics, Volume 119, No. 12, 2018, pp.1135-1141.

53. K. Aravind, J. Granty Regina Elwin, T. Sujatha e S. Balakrishnan, (2018), "Um novo e eficiente serviço de nuvem móvel para pesquisar dados criptografados", ARPN Journal of

Engineering and Applied Sciences, Vol.13, No.16, pp. 4683-4686, 2018.

54. Mell, P., & Grance, T. (2011). The NIST definition of cloud computing (A definição do NIST de computação em nuvem). Instituto Nacional de Normas e Tecnologia, 53(6), 50.

55. Armbrust, M., Fox, A., Griffith, R., Joseph, A. D., Katz, R., Konwinski, A., ... & Zaharia, M. (2010). Uma visão da computação em nuvem. Communications of the ACM, 53(4), 50-58.

56. Buyya, R., Yeo, C. S., Venugopal, S., Broberg, J., & Brandic, I. (2009). Computação em nuvem e plataformas de TI emergentes: Vision, hype, and reality for delivering computing as the 5th utility. Future Generation computer systems, 25(6), 599-616.

57. Almorsy, M., Grundy, J., & Müller, I. (2016). An analysis of the cloud computing security problem. arXiv preprint arXiv:1609.01107.

58. Rimal, B. P., Choi, E., & Lumb, I. (2009). A taxonomy and survey of cloud computing systems. Systems, Man, and Cybernetics, Part C: Applications and Reviews, IEEE Transactions on, 39(2), 276-292.

59. Rosado, D. G., Fernández-Medina, E., & Mellado, D. (2011). Avaliação do risco de segurança na computação em nuvem. Journal of Network and Computer Applications, 34(4), 1113-1124.

60. Vaquero, L. M., Rodero-Merino, L., Caceres, J., & Lindner, M. (2009). A break in the clouds: towards a cloud definition. ACM SIGCOMM Computer Communication Review, 39(1), 50-55.

61. Hu, Y. C., & Zeng, Q. (2010). Toward trusted cloud computing. IEEE Internet Computing, 14(5), 87-89.

62. Chow, R., Golle, P., Jakobsson, M., Shi, E., Staddon, J., Masuoka, R., & Molina, J. (2009). Controlo de dados na nuvem: Terceirizar a computação sem terceirizar o controlo. In Proceedings of the 2009 ACM workshop on Cloud computing security (pp. 85-90).

63. Armbrust, M., & Stoica, I. (2010). Acima das nuvens: A Berkeley view of cloud computing. Universidade da Califórnia, Berkeley, Relatório Técnico, 13.

64. Balakrishnan S e Steven Uatuaromuinjo Tjiraso, "Integration of Agent Based Computing with Cloud Computing: Towards Cloud Intelligent Systems", International Research Publication House, Delhi. Engineering and Technology: Recent Innovations & Research, ISBN- 978-93-86138-06-4, pp. 1-17.

I want morebooks!

Buy your books fast and straightforward online - at one of world's fastest growing online book stores! Environmentally sound due to Print-on-Demand technologies.

Buy your books online at
www.morebooks.shop

Compre os seus livros mais rápido e diretamente na internet, em uma das livrarias on-line com o maior crescimento no mundo! Produção que protege o meio ambiente através das tecnologias de impressão sob demanda.

Compre os seus livros on-line em
www.morebooks.shop

Printed by Books on Demand GmbH, Norderstedt / Germany